本书系获深圳大学高水平大学二期建设资助

光明社科文库
GUANGMING DAILY PRESS:
A SOCIAL SCIENCE SERIES

·教育与语言书系·

中外高校制度建设研究

刘 阳 等 | 著

光明日报出版社

图书在版编目（CIP）数据

中外高校制度建设研究 / 刘阳等著. -- 北京：光明日报出版社，2021.7

ISBN 978 - 7 - 5194 - 6161 - 4

Ⅰ. ①中… Ⅱ. ①刘… Ⅲ. ①高等学校—教育制度—研究—世界 Ⅳ. ①G649.1

中国版本图书馆 CIP 数据核字（2021）第 111712 号

中外高校制度建设研究
ZHONGWAI GAOXIAO ZHIDU JIANSHE YANJIU

著　　者：刘　阳　等

责任编辑：刘兴华　　　　　　　　责任校对：刘欠欠

封面设计：中联华文　　　　　　　责任印制：曹　诤

出版发行：光明日报出版社

地　　址：北京市西城区永安路 106 号，100050

电　　话：010 - 63169890（咨询），010 - 63131930（邮购）

传　　真：010 - 63131930

网　　址：http://book.gmw.cn

E - mail：liuxinghua@ gmw.cn

法律顾问：北京德恒律师事务所龚柳方律师

印　　刷：三河市华东印刷有限公司

装　　订：三河市华东印刷有限公司

本书如有破损、缺页、装订错误，请与本社联系调换，电话：010 - 63131930

开　　本：170mm×240mm

字　　数：190 千字　　　　　　　印　　张：16

版　　次：2021 年 6 月第 1 版　　　印　　次：2021 年 6 月第 1 次印刷

书　　号：ISBN 978 - 7 - 5194 - 6161 - 4

定　　价：95.00 元

目 录
CONTENTS

引　论

一、写作背景

从 1990 年研究生毕业走上大学讲坛至今已经整整 30 年。其间虽然曾被派往汕尾中级人民法院挂职担任中级法院副院长职务，但始终未离开过教学环境，在挂职担任法院副院长期间，笔者仍旧坚持利用周末为研究生授课。2007 年以后，担任深圳大学国际交流学院副院长，有机会与来华外国留学生学习交流。来华外国留学生中，有的在国外高中毕业后到中国读本科，有的来中国读硕士和博士。自 2011 年担任来华外国硕士研究生导师以来，通过与外国学生广泛而深入的交流，笔者更加深刻地认识到中外高校学生招生制度、学术纪律、生活纪律以及道德规范等方面认知上的差异。于是笔者决定与自己学生来自以色列的飞飞（Adi Ofir）同学以及阿诗玛（土耳其）、霄汉（美国）、王欢（中国）等几位研究生共同创作《中外高校制度建设研究》。为撰写此书，笔者收集了大量中外文献资料，包括尾注 140 余项，脚注近百项。为撰写此书，笔者也曾亲赴广东省内的大学调研高校制度的执行情况。上述文献研究以及调研活动于 2019 年 5 月得到深圳大学研究生院立项课题"提升来华留学研究生招生与培养质量的改革创新研究"（项目编号：SZUGS2019JG06）的经费支持。《中外高校制度建设研究》第一章"中外高校招生录取制度现状及我国高校改革措施"；第二章"我国高校对中外大学生学习和生活的管理"；第五章"中外高校学生道德规范的特殊性与共同性"等内容是该课题的研究成果。

为加强我国高校学生考风考纪、学术诚信以及生活纪律建设，笔者收集并研究了美国哈佛大学、斯坦福大学、日本东京大学以及以色列特拉维夫大学等国际名校的研究资料，在借鉴上述国际名校成功经验的基础上，提出加强我国高校校风校纪建设，提高我国高校校风校纪建设的国际化水平等理论建议。上述学术研究得到深圳大学教务部立项课题"强化我国高校学生考风考纪和学术诚信纪律的若干建议"（项目编号：JG2020030）的支持。

笔者所带的硕士研究生、来自土耳其的阿诗玛同学参与了本书第五章第一节部分内容的撰写。来自美国的霄汉同学参与了本书第七章第二节"美国大学生校外租房"以及第七节"美国校园反欺凌法"部分的撰写。笔者的法律硕士在职研究生、深圳罗湖区人民警察王欢同学参与了本书第八章第四节、第五节部分的撰写。笔者的上述三位中外研究生同学与来自以色列的飞飞同学均为本书的共同作者。希望此书能为大学生尤其是中国大学本科生以及来华外国留学生系统了解"中外高校招生培养制度""中外高校学生考风考纪、学术诚信以及生活纪律建设""中外高校学生道德文明建设"及"中外高校学生团体综合保险""中外高校学生人身财产安全及反校园欺凌法律比较""在深圳高新科技企业实习工作"等专题提供理论参考。

二、主要内容

（一）中外高校招生培养制度研究

中外高校学生以及中国高校的中外学生的招生录取制度不同。中国高校本科生招生主要通过全国统一考试；招收研究生的国内高校通常专业课由本校老师出题考试，基础课则参加全国统一考试。而美英等国本科、研究生招生主要采取招考分离制度。中国高校国内招生与来华外国留学生招生方式也不相同。目前国内大学对国内学生招生方式是考试制度，由于学位有限，尤其是"双一流"等名校的学位更加紧张，因此竞争十分激烈。而来华外国留学生则采取考核制度，由于通过汉语水平考试（HSK）对绝大多数外国学生来说并非易事，因此很大程度上限制了来华外国留学生的生源数量。尽管如此，近年来，在国内高校的努力下，来华外国留学生人数增长显著，但专业水平参差不齐。鉴于国内高校招收来华留学生目前还不具备参加类似高考的国内统一考试，为了把好来华外国留学生入门关，笔者对来华外国留学生口试及教授推荐信等教育部要求的"考核"环节的改革提出一些参考建议，希望引起教育主管部门以及来华外国留学生招生部门的重视。以上是本书第一章和第二章的主要研究内容。

（二）中外高校学生考风考纪、学术诚信以及生活纪律建设

第三章和第四章是本书的重点章节，为吸取国外著名高校在考风考纪、学术诚信以及生活纪律建设方面的成功经验，笔者研究了美国哈佛大学、斯坦福大学、弗吉尼亚大学、加州大学戴维斯分校，日本东京大学、上智大学，中国上海交大密西根学院以及以色列特拉维夫大学等高校的成功经验。本着中国高等教育既要强化我国高校学生考风考纪、学

术诚信以及生活纪律，又要切实保障我国高校学生受教育权的理念，总结出系列推动高校学生考风考纪、学术诚信以及生活纪律建设的建议。

1. 考风考纪和学术诚信纪律建设。学生的考风考纪及学术诚信是每一所高校的品牌与荣誉，中外高校均极为重视。对于违反考风考纪、学术诚信以及生活纪律的学生，中外高校均制定了相应的处罚标准。我国教育部于 2017 年 9 月修订后重新颁布的《普通高等学校学生管理规定》（以下简称《规定》）规定高校可以对违纪学生处以：①警告；②严重警告；③记过；④留校察看；⑤开除学籍五种形式的纪律处分。但实践表明，警告、严重警告、记过以及留校察看等四种纪律处罚方式之间的界限不够清晰。也就是说，在什么情况下警告，什么情况下严重警告，什么情况下记过以及留校察看，难以制定清晰的标准。在中国高校普遍重视学生就业率的大背景下，某些因违纪被严重警告或记过的学生认为，毕业前学校一定会取消其"严重警告"或"记过"处分，以便为毕业生顺利就业创造条件，同时也为提升学校的学生就业率创造条件。再者，有很多毕业生毕业后进入中小民营企业或自主创业，而这些企业不保存学生档案，是否在校期间曾因违纪被警告、严重警告、记过以及留校察看，只要违纪学生自己不说，这些用人单位也不一定了解。开除学籍对很多在校大学生来说是具有震慑作用的纪律处罚方式。但是，开除学籍对在校大学生来说，剥夺了学生的受教育权，对学生的职业和前途均可能发生重大不利影响。因此，对我国高校的执纪部门来说，不能也不允许轻易动用开除学生学籍的纪律处罚方式。使我国高校考风考纪及学术诚信纪律更加具有震慑力的关键，是使违纪学生即便是初犯或者情节较轻也必须为此付出难以忘记的代价。据此，笔者借鉴美国斯坦福大学、日本东京大学、上海交大密西根学院以及以色列特拉维夫大学的经验，提出对违纪学生增加"法律与纪律"课学分、开除学籍缓期执行等违纪处罚方式。相信上述违纪处罚措施与警告、严重警告等处罚措施相比，对违纪学生更具警醒和震慑作用，以此推动我国高校考风考纪和学术诚信纪律建设。

2. 中外高校学生生活纪律建设。除新生外，美国大学生很少住集体宿舍，合租房住和与房东合住的现象比较普遍。在校学生生活的一切都得自己动脑动手，大学生活不仅是读书，还是体验复杂生活和学会把生活搞好，将生活和学习融为一体的实践过程，因为美国高校学生既是学校的一个成员，也是其所在社区的一分子。哈佛文理学院对学生社区生活纪律的关注焦点在不伤害他人身体，诚实守信，禁止不当性行为以及禁止食用毒品和酒精等几个重要方面。斯坦福大学将禁止人身攻击，损坏财产，偷窃，伪造，性骚扰或其他两性关系上的不端行为，用未经授权允许的账户资金上网或打长途电话，在寻求经济援助、校内居住、以折扣价格购买计算机以及其他大学福利时做不实陈述，滥用大学的计算机设备或邮箱，酒后驾驶或吸食毒品后驾驶，通过电话、邮件或者语音邮箱向其他同学发送恐吓或淫秽信息等内容设定为学生的"基本准则"。其目的是希望斯坦福大学的学生们无论在校园内还是校园外遵守秩序、道德以及诚信原则并尊重他人的权利。不论是哈佛大学的"社区生活纪律"还是斯坦福大学的"基本准则"所提出的纪律要求均不可能涉及学生生活的各个方面。因此，上述两所世界名校均将以往处理学生违纪的先例作为执行对违纪学生处罚的参考标准。从这个角度看，中国高校要建立对违纪学生处罚制度，应当注意整理和收集处罚违纪学生的成功案例，并汇编成册，以便作为今后处罚类似案例的参考资料，这也正是笔者撰写此书并在第五章和第七章等章节中援用较多案例研究资料的原因。哈佛和斯坦福两所世界名校学生纪律管理目标是帮助大学生融入社会，而非将其作为一群未成年的中学生进行管理。诚然，中美大学的环境不一样。相对而言，美国地广人稀，城乡差别不大，而中国人多地少，城乡差别较大。因历史原因，中国的著名大学都建在城市中心，人口拥挤，居住条件紧张，如果要求中国高校学生融入社区，自己租房，对很多学生来说，会有租房难的问题。鉴于中国城市居住条件的限制，目前要求中国高校学生自己租房，学校不安排宿舍也不切合实际。如何引导我国高校学生融入社会，成为合格的公民？笔者认为，在现有条件下可以尝试打通高校与公司之间的围栏。实践表明，我国某些高新科技企业的员工纪律规范值得我国高校学习借鉴。因此，我国高校不仅要积极推荐学生到高新科技企业实习工作，也要积极邀请企业相关的负责人来高校介绍其公司劳动纪律、技术保密纪律、公司国际化纪律等等。这也正是笔者在第八章介绍深圳华为、腾讯、大疆等中国高新科技企业大学生实习工作制度的一个重要原因。

（三）中外高校学生道德文明建设

道德是人们对是非、善恶、公正或私欲的评价，简称为一个人的善恶标准。世界各国大学生究竟遵循何种道德规范，往往取决于他们各自所处的境遇，个人特殊的、主观的喜好甚至个人的情感，主观喜好甚至个人情感是宗教信仰、文化传统及所处环境等综合因素作用的结果。中国政府和高校历来重视培养学生们高尚的道德情操。有学者对全世界60个民族志进行记录，包括北美洲、南美洲、撒哈拉以南非洲、地中海沿岸、欧亚大陆东部以及太平洋岛屿的研究，发现七项普适性的道德准则：①家庭观念（family values）；②团体忠诚（group loyalty）；③互惠（reciprocity）；④勇敢（bravery）；⑤尊重师长（respect）；⑥公平

（fairness）；⑦财产所有权（property rights）。违反合作的行为被公认为道德败坏：①忽视亲情；②背叛伙伴；③投机取巧；④怯懦；⑤无礼；⑥不公；⑦偷盗等属于受到普适性道德谴责的行为。从普适性道德准则看，要求高校大学生爱护同学、尊敬老师，平等对待每一位同学不仅是普适性道德准则，而且应成为中外大学校纪校规的一个组成部分。

因国籍、民族、宗教信仰的不同，中外大学生对"隐私权"、"生育权"、"性道德"以及"女性权益"的道德、纪律和法律保护的界限存在不同认知。面对新冠肺炎疫情，是优先保护人民生命健康，还是优先保护个人隐私权？"堕胎"和"通奸"是违法违纪行为还是仅仅违反道德？面对世界各国的来华留学生，要回答上述问题，首先必须尊重各国学生的传统和风俗，在此基础上启发他们，什么是高尚的道德观念，什么是落后的道德观念，高校是文明和进步的圣地，高校的校纪校规应当积极推崇高尚的道德观念。培养高尚的道德观念必须从生活的一点一滴做起，深圳市政府 2020 年 3 月重新颁布了《深圳经济特区文明行为条例》，在第二章中对深圳市民文明行为提出了具体的要求，包括：①维护公共秩序；②维护公共环境卫生；③文明出行；④文明旅游；⑤维护社区文明；⑥保护生态环境；⑦文明上网；⑧在生活中养成和体现良好的个人品行等。不论来自中国哪个城市或乡村，或是来华外国留学生，"来了就做深圳人"，让我们一起用深圳文明条例约束自己的言行，做一个讲道德的"文明人"。

三、高校校风校纪建设案例解析及深圳高新科技企业实习制度

（一）高校校风校纪建设案例解析

对在校学生的交通安全、居住特别是校外居住安全、宗教安全、毒

品安全教育以及人身财产安全等方面的关注历来是中外高校领导和老师关注的又一重点。从 2007 年到 2019 年，笔者在授课、带研究生的同时兼任深圳大学国际交流学院负责学生工作的副院长，协助学校以及公安部门处理了一批涉及中外学生安全的案件，也曾由本人直接处理了一批涉及来华外国留学生的相关事件。这些案件或事件的实证解析对帮助我国高校辅导员更好地处理学生违法违纪问题，特别是在校大学生涉外违法违纪问题具有一定的参考作用。为保护当事人个人隐私，笔者在第六章的撰写中隐去了当事人的姓名。这些案件或事件包括：①来华外国留学生玩电动滑板撞倒行人案件；②来华外国留学生酒后驾驶或酒醉驾驶案件；③来华外国留学生校外租房引发商业争议；④来华外国留学生在校内，从事宗教活动所引发的治安案件；⑤来华外国留学生欺凌同班同学事件；⑥来华外国留学生吸毒案件；⑦来华外国留学生猥亵案件；⑧来华外国留学生打架斗殴事件等。

（二）深圳高新科技企业实习制度

华为和腾讯公司作为世界 500 强企业中声名显赫的高新科技企业，不仅是深圳的名片，也是中国科技企业领军者，每年吸引着大批中外高校毕业生前来实习和工作。笔者曾经问班里的外国留学生，为什么选择到深圳的高校留学？留学生们毫不犹豫地回答，因为深圳有华为、腾讯、大疆、比亚迪、华大基因等驰名科技企业。深圳高新科技企业吸引国内外高校毕业生有以下几个原因：

1. 国际化的校园招聘制度。由于生产、销售以及服务的全球化，深圳华为、腾讯、大疆等高新科技公司实行国际化的高校实习生校园招聘制度。这种国际化的实习生校园招聘制度通常包括由笔试以及多层级面试组成，能够进入深圳华为、腾讯、大疆等高新科技公司的实习生可谓"千挑万选"。

2. 国际化的公司文化。作为跨国科技企业，深圳华为、腾讯、大疆等高新科技公司注重塑造国际化的公司文化，公司不允许员工在工作中使用对外籍员工具有歧视性含义的语言或词汇；不允许对宗教领袖的画像进行涂鸦或者写带有贬损性质的言辞等。

3. 鼓励学习及创新的工作环境。深圳华为、腾讯、大疆等高新科技公司为高校实习生安排实习导师，邀请实习生参加实习项目，鼓励实习生到公司所设立的大学或学院寻找自己感兴趣的课程或讲座。

4. 优越的实习福利。"实习生天堂"是在深圳某些高新科技企业实习的中外高校学生对其实习公司的美誉。对公司员工包括实习生的吃、穿、住、行，公司都进行了缜密的安排，甚至加班夜宵也进行了充分的准备，公司的目的就是为员工营造一个气氛宽松、全情投入的创新和学习的环境。为更好地说明深圳华为、腾讯等高新科技企业在中外高校实习生招聘、培养和留用方面的先进经验，笔者将王玉森先生撰写的《华为实习生管理：切准学生的 4 大需求》和袁茵女士撰写的《腾讯 HRVP 奚丹：腾讯对"人"的理解》的两篇论文附录在本书的第九章。

第一章

中外高校招生录取制度现状及我国高校改革措施

我国高校本科和研究生招生与录取方式采用双轨制。大学本科生一般通过国家统一考试，按照笔试成绩录取。硕士和博士研究生需要通过笔试和面试两次考试取得入学资格。近年来，南方科技大学等高校招录本科学生时也需要进行面试，面试成绩占录取总分的一定比例。

我国高校来华外国留学生则通常采取"申请—考核"方式招录。2015 年国家颁布《统筹推进世界一流大学和一流学科建设总体方案》（简称"双一流"建设方案）要求："营造良好的国际化教学和科研环境，增强对外籍优秀教师和高水平留学生的吸引力。积极参与国际教育规则制定、国际教育教学评估认证，切实提高我国高等教育的国际竞争力和话语权。"[①]"双一流"建设方案发布以来，各类来华外国留学人员增幅均超过两位数。其中，来华外国留学生中高层次学历的来华留学研究生（硕士和博士）年平均递增 15.43%，增幅超过同期其他层级外国来华留学人员。2015—2018 年具体来华外国留学研究生增加幅度如表1－1所示。2018 年年底，各类在华外国留学人员总数达到 49.2 万余人。

---

① 程伟华，张海滨，董维春．"双一流"战略引领下的来华留学研究生教育发展探析［J］．研究生教育研究，2018（6）：70.

表 1 – 1　2015—2018 年来华外国留学研究生增加幅度①

年份	来华留学人数增幅（%）	来华学历生增幅（%）	来华留学研究生增幅（%）
2015	5. 46	12. 41	11. 6
2016	11. 35	13. 62	19. 22
2017	10. 48	15. 04	18. 62
2018	9. 94	6. 68	12. 28

　　来华外国留学生大幅增加，是我国建设"双一流"高校的积极成果，同时也与我国高校实行的"申请—审核"式外国留学生招生模式有关。但目前所实行的"申请—审核"式外国留学生招生模式不利于吸引高水平的来华留学生。笔者的一位毕业于韩国某著名大学的硕士研究生，入学两年后表示不愿意再读下去，问其原因，该学生说，最近两年入学的几位低年级的来华外国留学研究生素质较差，与素质差的学生做同学，用中国话说，物以类聚，人以群分，让一些朋友看低自己。素质较低的来华外国留学研究生是怎么招进来的？如何改进来华外国留学生招生工作？如何增强对高水平来华外国留学研究生的吸引力？笔者针对该韩国研究生反映的问题进行了深入调研。

---

① 据 2015—2018 年教育部发布的《我国来华留学生情况统计》整理。

第一节 美英日等国高校招生录取方式

一、美国高校招生录取的特点

美国高校注重考核学生各方面综合素质。[①] 学生按照学校要求需提供两类材料：

1. 考评学士学位申请者认知能力的材料。美国 90% 以上的高校都要求本科学生在申请时必须提供两项材料，一是高中在校期间的平时成绩（Grade Point Average，意为平均成绩绩点，英文缩写为 GPA）。另一项就是 SAT 或 ACT 两个标准化考试中任意一项的成绩，因此 SAT 与 ACT 并称为美国高考。此外，申请者还需要向学校招生部门提交以下材料：（1）个人陈述。个人陈述是学校录取学生所需要的最重要材料之一，最能体现学生的能力和思想。（2）推荐信三封。推荐信是学校从侧面了解学生的重要途径，需要找对考生很熟悉的老师写，这样可信度更高。（3）获奖证明或荣誉证书的复印件。对于中国学生来说，所有证明都需要翻译成英文，如果是校内荣誉，则中文复印件和英文翻译件都需要加盖学校公章。对于来自中国或是来自其他非英语国家的考生，还需要提供英语语言水平测试 TOEFL 成绩。

2. 考评硕士学位申请者认知能力的材料。（1）本科在校期间的平

---

① 孙健. 美国研究生招生制度的特点及其对我国的启示［J］. 比较教育研究，2018（4）：70.

时成绩（GPA）；美国研究生入学考试成绩（Graduate Record Examination，简称 GRE）或 GMAT、MCAT、LSAT 考试成绩。其中，申请工商管理专业硕士、博士学位者提交"研究生管理科学入学考试成绩"（Graduate Management Admission Test，简称 GMAT）；申请临床医学硕士、博士学位者需提交"北美临床医学院的学生标准化考试成绩"（Medical College Admission Test，简称 MCAT）；申请法学专业硕士、博士学位者需提交"法学院入学考试成绩"（Law School Admission Test，简称 LSAT）。GRE、GMAT、MCAT、LSAT 等考试由美国教育考试服务处（Educational Testing Service，简称 ETS）的第三方机构负责。

（2）考评申请者非认知能力的材料。包括教授推荐信、个人简历以及入学申请书等。[①] 通常来说，美国高校对认知能力材料，尤其是名牌大学或名牌专业的 GPA 成绩非常重视，某些热门学科或专业会在学院网页上公布最低 GPA 成绩，要求没有达到最低 GPA 分数线的本科学生不要递交申请材料。因为热门学科或专业申请人数众多，因此热门学院或学科通常对申请者采取"机器筛选"，也就是没有达到最低 GPA 成绩要求的报名者会被机器自动拦截，无法进入第二轮筛选。美国高校录取来美国留学的国际学生，需审查其他认知和非认知能力材料，面试是可选择的。

二、英国高校招生录取的特点

英国高校录取学士学位申请者通常被要求提供高中在校期间的平时

---

① 朱原，王旭燕. 学术型研究生招生制度比较研究［J］. 研究生教育，2016（6）：87－88.

成绩（Grade Point Average，简称 GPA）。同时被要求提供英国雅思成绩。雅思的全称为国际英语测试系统（International English Language Testing System，简称 IELTS）。雅思是著名的国际性英语标准化水平测试，由英国文化教育协会、剑桥大学考试委员会和澳大利亚教育国际开发署（IDP）共同管理。此外，申请者需要提供：个人陈述、推荐信三封、获奖证明等认知能力材料。与美国高校不同的是，大多数英国高校不需要申请者提供 SAT 成绩。

"学术主导"是英国高校研究生的招生特点。英国没有全国统一的标准化研究生入学考试，招生院校根据专业需求、招生特色自主决定研究生的录取标准，招生高校通常要审查申请者本科毕业证、GPA 成绩、教授推荐信、个人简历以及入学申请书等。如果申请牛津、剑桥等英国名校的研究生，通常要求申请者提供 GRE 或 GMAT 等美国研究生学能与知识水平测试和评价的考试成绩。对于申请博士学位的研究生，英国招生院校对申请资格的要求具有较大灵活性。（1）灵活的学历要求。申请者如果没有被认可的学位，但有重点企业相关工作经验，或在重点企业有稳定的重要职位，也可能被录取。（2）灵活的学科或专业要求。例如工程博士研究生申请者申请学位与其已经获得的本科或硕士学位无须对应，只要相关即可。（3）灵活的工作实践经验要求。①

三、日本高校招生录取的特点

日本 80% 的大学继续保持着大学独立考试制度。如果外国留学生

---

① 肖凤翔，张宇，赵美容. 英国工程博士研究生招生特色及其对我国的启示［J］. 学位与研究生教育，2014（8）：67－68.

要申请日本大学学士学位需要参加一个类似中国国内高考性质的留学生考试（EJU），拿到分数之后，参照各个大学给出的专业分数线报考日本的大学。EJU 日本留学考试是面向有留学意向的外国留学生，考察其是否具备日本大学所必需的日语能力与基本学历的考试，相当于美国托福和英国雅思等语言水平测试。通过 EJU 测试后，考生还要参加日本各个大学的校内考试，通常包括笔试和面试。日本某些知名的国立大学还要求提交托福等英语成绩。

日本大学硕士、博士研究生也不存在统一的标准化考试。其入学考试由各高校根据学科特色由招生学校的学科组命题，考试内容包括外语水平测试、专业领域知识测试，通常笔试合格后进入面试程序。日本大学招收研究生，面试成绩在总成绩中所占比重较高，招生学校通常要求考生在报考时提交一份"研究计划书"，面试内容主要由本专业的教师对考生提交的"研究计划书"提出各种问题，了解考生的研究兴趣、研究动机、基础知识、逻辑能力。日本大学研究生招生考试不仅注重学生考试成绩，而且注重学生的研究潜力，文学注重考查学生从事论文写作及研究能力，而理工科注重科学实验的能力。[①]

第二节　我国高校招生录取双轨制存在的问题及应对策略

与美英日等西方国家不同，我国大学招生采用双轨制。中国的本科

---

① 周广．美国、日本、中国三国研究生招生制度比较［J］．视野，2015（1）：78 - 80.

学生一般通过笔试取得入学资格，而研究生则需要通过笔试和面试两次考试取得入学资格。对来华外国留学研究生则通常采取"申请—考核"的方式录取。

一、我国高校招生录取双轨制存在的问题

来华外国留学生如果申请学士学位，中国高校考核的资料通常包括申请者提供的高中毕业证书及成绩单、国家汉语水平考试（简称 HSK）成绩以及面试成绩。如果申请硕士或博士学位，除北京大学、清华大学和复旦大学等个别高校自主研发针对来华外国留学研究生内部考试外，我国高校还没有研发出类似 GRE、GMAT、MCAT、LSAT 等对不同专业研究生学能与知识水平进行测试和评价的考试标准，审核材料包括本科毕业证书及成绩单、国家汉语水平考试成绩、两封教授推荐信以及面试成绩。

来华外国研究生学能与知识水平测试和评价考试标准的缺失，在一定程度上影响了来华外国留学研究生招生过程的严肃性和公平性，不仅不利于吸引高水平的来华外国留学研究生，而且给入学后的研究生培养质量和毕业标准带来了隐患。[①] 有关部门组织的"来华留学生培养质量"的问卷调查也说明了这一问题。调查表明，来华外国留学研究生期待与收获之间差距比较大的是"高质量的教育"，32.2% 的来华外国留学研究生期待在中国获得高质量教育，但是仅 21.8% 的受访者认为在高质量的教育方面有所收获。[②]

[①] 柴省三. 来华留学研究生招生考试体系的构建研究［J］. 学位与研究生教育，2018（9）：63.

[②] 刘水云. 来华留学研究生培养质量调查［J］. 学位与研究生教育，2017（8）：28.

二、我国高校招生录取双轨制的改革建议

（一）"申请—考核"来华外国留学生录取方式无法确保招生工作的严肃性

鉴于"申请—审核"式录取方式所存在的问题，建议我国汉办着手组建针对不同专业来华外国留学生学能与知识水平测试和评价的考试标准的研发团队。而在国家汉办相关全国标准出台前，鉴于我国各地大学外国留学生招生数量和学生水平的差异，希望由各省、自治区、直辖市教育行政主管部门组织面向本地大学的外国留学生进行入学笔试测试，并据此划定最低录取分数线，以确保来华外国留学生招生的严肃性和公平性。实践证明，通过"申请—考核"录取的外国留学生，学生的语言水平、知识水平以及接受能力存在较大差异，一些文化素质、语言水平较高的学生不愿留下来继续读书的一个重要原因是，在这样一群语言水平、知识水平差异较大的群体中学校教学进度太慢，无法满足自己求知的欲望。而对于语言水平、知识水平差的留学生又觉得跟不上，使得任课老师左右为难。

（二）设立来华外国留学生预科班，对留学生进行分类教育

为扩大来华外国留学生规模，可以在考试录取的基础上，举办外国留学生预科班。将暂时达不到考试录取线的外国留学生留在预科班学习，外国留学生在预科班学习期间，某些专业课科目的学分可以计入毕业总学分。

第三节　来华外国留学生面试与
教授推荐信存在的问题及改进建议

我国个别高校，只要有外籍学生报读本科或研究生，只要符合中国教育部要求的具有相应学历、汉语水平考试达到规定要求等"入门"条件，均予录取。在录取来华外国硕士、博士学位申请者时，根据面试成绩和具有两名教授的推荐信等录取来华外国留学研究生的规定没有得到认真贯彻执行。例如国内某高校的一所学院规定，只要拟担任外国留学研究生的中国导师同意接收，就不再组织面试。鉴于我国大多数高校均采取"申请—考核"方式录取来华外国留学研究生，在来华外国留学研究生招生环节，被称为考试的只有面试这一环节，可见面试的重要性。

一、规范来华外国硕士、博士研究生的面试内容

建议借鉴日本大学录取研究生的经验，要求参加面试的外国留学研究生提交一份"研究计划"书，参加面试的教师围绕"研究计划书"以提问方式了解申请者的研究兴趣、研究动机、基础知识、逻辑能力。面试环节要通过设定某些特定面试题目测试被面试者性格或情商（E-motional Quotient，简称 EQ）。情商通常是指人在情绪、意志、耐受挫折等方面的品质。研究生阶段的学习，通常具有合作研究、师生共同学习等特点，例如师生共同进行科学实验，外国留学研究生利用其语言优势协助导师查找文献资料等等。外国留学研究生如果没有合作精神、自我

情绪控制力、意志力低下，则难以与同学和导师进行合作。① 某高校文学院的一名外国留学研究生，写开题报告时不接受导师的选题建议，而自己选择的题目又内容庞大无法驾驭，一个硕士毕业论文竟然拖了几年无法完成。在校期间经常违反学校纪律，老师批评他，他不但不反省自己的行为，反而给领事馆写信投诉。

建议设定面试成绩及格线。我国个别高校，因在面试等环节没有对申请者进行严格审查，给个别有劣迹的外国学生混入我国高校，甚至是混入我国名校提供了可乘之机。个别在校的来华外国留学研究生，打着我国名校在读研究生的招牌骗财骗色，虽然这种案例是极个别的，但负面影响不能低估。② 建议我国高校在面试时，通过设定题目了解申请者的品行。例如可以问申请者，在你的家人、朋友、老师眼里，你是怎样的人？或请申请者采用列举的方式展示一下自己若干优秀品质及缺点。研究表明，我国国内研究生招生面试的预测效度就很不理想，原因是面试缺乏前期研究，评价指标不科学，面试问题比较随意，评分标准含糊等。③ 因此，来华外国留学研究生招生面试走过场也就不足为奇了。建议教育主管部门加强对高校负责来华外国留学研究生面试教师的培训，提高面试科学性和有效性，把好来华外国留学研究生入门关。

二、规范来华外国留学研究生教授推荐信的建议

2015 年，笔者的一名来自西亚某国的留学生甲，在中国本科毕业

---

① 李建成. 学校，一个师生共同学习的地方：新时期教师教育信仰的塑造［J］. 江苏教育，2016（22）.
② 王巍. 骗女友 600 余万，外国留学生获刑 14 年［N］. 新京报，2018－07－03.
③ 孙晓敏，薛刚. 国外研究生选拔方式对我国研究生复试的启示［J］. 北京大学教育评论，2012（1）：178.

后，报读中国大学的硕士研究生。为申请读研，甲同学请笔者为其给 A 校和 B 校的研究生招生部门写了推荐信。据了解，甲同学在读本科期间，不曾有科研论文发表，也没有在类似奥林匹克数理化竞赛等国内外知名赛事获奖的记录，学习成绩在班级处于中上水平。因甲同学在校期间亮点不多，因此笔者的推荐信内容比较简略，为方便进一步了解情况，笔者将个人名片与推荐信钉在一起。甲同学同时向国内两所高校寄交了推荐信等申请资料，一所是位于中国中西部的 A 大学，另一所是位于中国东南沿海的 B 大学。甲同学的推荐信等申请资料寄出后，很快收到了 A 大学的硕士研究生录取通知书，并承诺为甲同学免除研究生期间的学费，在此基础上再提供一定数额的奖学金。2016 年年初，甲同学到 A 大学报到，A 大学为其安排了宿舍。同年 5 月，甲同学又收到 B 大学的录取通知书，B 大学也承诺为其免学费，并提供奖学金。甲同学被 A、B 两校录取过程中，笔者作为推荐人从未接到录取学校的资料核实电话。因此，笔者并不清楚 A、B 两校的留学研究生招生部门是如何评阅笔者的推荐信，以及根据什么标准向甲同学发放奖学金的。

（一）规范推荐信内容

推荐信能够提供其他方式难以获得的有关申请人的独特信息。但个别国内高校老师因为工作忙等原因，在给外国留学研究生写推荐信时，没有认真审查申请者的材料。2018 年春季，国内某来华外国留学生奖助金评审机构收到一份申请材料，其中教授的推荐信写道，该同学平时认真听讲、成绩较好等等。但经审查，发现该申请者所附成绩单载明，上学期几门课程考试不及格。为此，该国内奖助金评审机构要求，推荐信必须载明被推荐者近两学年的平均成绩以及最低考试科目的成绩。可见，规范推荐信内容是保证所提供信息准确性的客观要求。

（二）经验借鉴

1. 外国著名高校对推荐信的要求。哈佛大学、麻省理工学院、牛津大学、剑桥大学等西方著名高校对教授推荐信的要求值得借鉴。哈佛大学等西方高校要求教授推荐信要有以下特点：（1）真实性。要求推荐者确认提供的资料及推荐信内容准确无误。（2）系统性。推荐者应对心智能力、学习能力、学术能力、学习动机、合作能力等多方面对被推荐者进行分析和评价。（3）专业性。推荐者应从被推荐者的学术表现和发展潜力做出合理的预期，从而客观评价被推荐人的拟申请研究生学位的适度性。[1] 我国某些著名高校在录取来华留学研究生时不仅免除学费同时还提供奖学金，如果对获得奖学金的学生的推荐信不做严格要求，某些来华外国留学研究生会认为，中国名校不仅门好进而且奖学金好拿，对我国著名高校的国际声誉以及"双一流"建设均将产生负面的国际影响。

2. 个人潜力指数。鉴于推荐信容易出现偏差，传统推荐信在研究生录取以及奖学金评选方面预测的科学性受到质疑。[2] 为弥补传统推荐信的不足之处，2009 年，美国教育考试服务处（ETS）向社会推出又一与研究生升学有关的产品，即"个人潜力指数"系统（Personal Potential Index，简称 PPI）。PPI 是一个网络评估系统，评估意图进入研究生院继续深造的学生的个人专业素质，例如学生的知识和创造性。申请人可邀请其本科或者前期学习期间认识的老师、实习或者工作期间认识的

---

[1]　江永华，章心仪. 我国学生国际流动中不利因素的反思 ［J］. 管理观察，2018（35）：121.

[2]　孙晓敏，薛刚. 如何有效选拔研究生：国外研究生选拔实践的证据 ［J］. 教育科学，2011（4）：74.

领导或同事对申请人进行打分。ETS 综合若干评估人员的打分结果，由计算机系统生成一份《ETS 个人能力指数报告》，供研究生招生部门在录取时参考。在 PPI 网络评估测试中，ETS 特别聘请著名人格心理学家命题，这些题目对测试申请者的情感、性格、沟通能力、合作共事能力、意志力等发挥了积极作用。① 为使来华留学研究生招生工作制度化、规范化以及来华留学生的学费减免和奖学金发放规则更加公平和透明，希望我国高校在录取来华外国留学研究生时能够对教授推荐信进行规范，并设计适合来华外国留学研究生招生的 PPI 系统。

小　结

高校对中外学生招生实行"双轨"制度，等于为中外学生设置两种不同的"入门"制度，客观上对中国高校对中外学生实行同样的毕业"出门"制度造成较大困扰。也与美国、英国以及日本等高等教育较为发达国家的高校招生制度存在较大差异。教育部关于对来华外国留学生实行趋同化管理为我国高校招生制度的改革指明了方向，在目前高校尚不具备对国内与来华外国留学生招生实行统一考试制度的条件下，借鉴日本高校的研究生招生面试方式以及美国高校研究生招生教授推荐的要求，是把好我国高校"入门关"以及提升我国高校来华外国研究生培养质量的前提。

---

① 韩宁. 非认知性评价的革命性进展：评美国 ETS 的新产品 PPI［J］. 考试研究，2010（10）：121－123.

第二章

我国高校对中外大学生学习和生活的管理

按照教育部提出的趋同化管理原则，我国高校对中外大学生管理的趋同化正稳步推进，具体表现在学籍管理、校内住宿管理以及课余活动管理等方面。

第一节　我国高校对中外学生的学籍管理

一、我国高校对中外学生的学籍管理

（一）学习期限

硕士研究生在校学习期限通常为 2～3 年，博士研究生为 3 年，本科生在校学习期限为 4 年，进修生和研究学者的学习期限一般为半年或 1 年。学生可根据学业情况申请提前毕业或延期毕业。本科生在校学习期限可延长至 6 年，硕士研究生的学习期限可延长至 5 年，博士研究生的学习期限可延长至 8 年，进修生可根据其本人的情况向学校提交延期申请。

（二）课程及学分要求

来华外国留学生入学后如果在数理化等理工学院或经管法等文科学院学习，原则上和中国学生合班上课，毕业要求除"中国概况"等必修课与中国学生要求不同外，其他与中国学生基本相同。来华外国留学生入学后需要尽快了解所修读专业对学分、课程和培养方案的要求，具体规定可参照所在大学学生手册，该手册面向全校中外本科生和研究生发布。

来华外国留学生入学后如果在英文班或专门针对留学生开设的汉语教学班级学习，那么外国留学生和中国学生属于分班上课，中国大学教学管理根据教育部、外交部、公安部相关文件执行。① 本科生、硕士研究生、博士研究生修业期满，完成专业计划规定的各项学习任务，成绩合格者，发给毕业证书；对达到所在学校《大学学位条例》的学生授予相应学位；成绩不合格者，只发给结业证书。普通进修生、高级进修生完成进修计划者，发给进修证书。凡中途退学者，发给肄业证书，证书上注明学习年限。

（三）休学

我国高校学生因病、因事在一段时间内不能继续在校学习者，学生本人持书面申请或医生证明，到学生管理办公室办理休学手续。经学院批准后，办理离校手续，并发给休学证明。休学期限最长为一年（来华外国留学生因在本国服兵役而休学，在中国高校学习不满两年

---

① 2017 年 6 月，教育部、外交部、公安部令第 42 号《学校招收和培养国际学生管理办法》（中华人民共和国教育部、中华人民共和国外交部、中华人民共和国公安部令第 42 号，简称：第 42 号令）第 19 条规定，具备条件的高等学校，可以为国际学生开设使用外国语言进行教学的专业课程。使用外国语言接受高等学历教育的国际学生，学位论文可以使用相应的外国文字撰写，论文摘要应为中文；学位论文答辩是否使用外国语言，由学校确定。

者通常不允许休学，学满两年后，经本人提供相关证明，来华外国留学生办公室确认后，某些高校最长允许休学三年）。来华外国留学生在我国高校学习期间休学只限一次，休学期间，奖学金停发。复学时由学生本人申请，经学校报送国家留学基金委批准后，方可继续享受奖学金；休学者凭休学证明按规定时间复学。因病休学者，复学时需出示康复证明。休学者来华复学前应申请办理 X 签证，并到留学生办公室办理复学手续。

（四）退学

我国高校学生因故退学，应向学生管理办公室提出书面申请，得到批准后办理离校手续，并在规定时间内离校。如有退费问题，按学校退费的有关规定执行。

二、考勤制度

我国高校对中外大学生的考勤，即学生上课出勤率的要求比较严格。对于出勤率没有达到学院要求的中外学生来说，通常无法参加期末考试。对来华外国留学生来说，考勤没有达到规定的要求，通常会影响来华外国留学生申请下学期签证，因此保持良好的出勤率对来华外国留学生是一项具有法律约束力的要求。因此，外国留学生要按时参加教学计划规定的课程和学校统一安排组织的活动。我国高校对外国留学生上课、实习等都应实行考勤。因故不能参加者，必须请假。凡未经请假或请假逾期者，一律以旷课论，旷课 1 天，可以按规定核算为若干学时。对旷课学生，根据旷课量、情节轻重及其检讨的态度，学院有权给予批评教育、纪律处分直至开除学籍。在校学生一般不准请事假，若有特殊情况必须请事假，最长不得超过规定的时间界限，例如 3 天或 5 天。来华外国留学生请假，超过一定时间，例如 3 天以内由就读学院审批；3 天及以上，须填写请假申请表，由学院领导签字批准。未经批准擅自离校达到一定时间，未能参加学校规定的教学活动者，学院有权对该学生予以退学处理。来华外国留学生享受我国传统节假日及学校的寒暑假。若逢留学生本国的重大节日，留学生通常可向就读学院申请放假 1 天，此类请假每年不得超过规定次数。

第二节　我国高校对中外学生校内公寓的管理

一、广东省教育行政部门对高校学生公寓的管理要求

以广东省为例，2019 年 11 月，广东省教育厅颁布有效期为 5 年的《关于高等学校学生公寓的工作指南》（以下简称《指南》）。《指南》第 9 条规定，高校学生原则上应在校内统一安排住宿，也可由高校在校外统一租用学生公寓。《指南》第 13 条规定了下述禁止事项：（1）学生公寓禁止使用无 3C 质量认证的劣质电器、大功率电器、明火器具，禁止使用炊具煮食，禁止私自在公寓内接入电线、电话线、网线，禁止私自加装、改装设施设备；（2）禁止存放易燃、易爆、易腐蚀、病毒标本、剧毒及具放射性等危险物品，不得在公寓内做各类实验，不得存放或持有管制刀具，不得饲养动物，不得将本校安全保卫部门依据相关法律法规认定的违禁品带入公寓内；（3）禁止吸烟和酗酒，禁止收看暴恐以及涉黄涉黑等不良影响的音视频材料；（4）不得在学生公寓或公寓区进行任何宗

教活动。《指南》第 19 条规定，供国际学生和港澳台学生使用的学生公寓，除须执行国家和省相关规定外，参照本指南执行。①

依据中国教育部令第 42 号《学校招收和培养国际学生管理办法》第 36 条的规定，国际学生所持学习类签证注明入境后需要办理居留证件的，应当自入境之日起 30 日内，向拟居留地公安机关出入境管理部门申请办理学习类外国人居留证件。

二、国外高校对学生公寓管理制度及经验借鉴

中外大学的宿舍管理基本上是相同的，但也存在某些特性化的地方。例如某些中国大学宿舍存在"闭灯时间"。因此，某些喜欢晚上学习的来华留学生会觉得不方便，要求在宿舍楼内安排夜间自习室。对学生违反住宿纪律者，国外某些高校采取违纪扣分制度，例如未经主人允许，擅自进入他人房间，扣若干分；在宿舍大声播放音乐，扣若干分，如果一年内，扣分总数已经达到或超过规定的限额，例如 20 分，则取消该学生在学校宿舍楼的住宿资格。广东省《关于高等学校学生公寓的工作指南》第 12 条规定，高校应由学生公寓管理机构授权设立学生公寓管理执行机构，承担学生公寓日常管理与服务，接受学生公寓管理机构的监督指导。主要职责有以下几方面：（1）负责审核学生入住申请，统筹安排入住事宜，与学生签订住宿协议。学生休学、退学、毕业等学籍变动时，及时办理学生的退宿手续。针对学生未经批准占用、出租、出借公寓床位或

---

① 2017 年 6 月，教育部、外交部、公安部令第 42 号《学校招收和培养国际学生管理办法》（中华人民共和国教育部、中华人民共和国外交部、中华人民共和国公安部令第 42 号）第 24 条规定，高等学校应当为国际学生提供食宿等必要的生活服务设施，建立健全并公布服务设施使用管理制度。国际学生在学校宿舍外居住的，应当及时到居住地公安部门办理登记手续。

留宿外来人员等问题，依规教育和处理，直至收回床位。（2）负责学生公寓日常管理服务工作，设立电话、意见箱等，接受学生的投诉。（3）负责受理学生公寓突发公共事件，定期开展安全巡查，及时处置各种安全隐患，做好记录和归档。（4）实施学生在公寓行为表现的综合考核，提出奖惩建议。（5）加强学生公寓文化建设。（6）落实公寓管理机构安排的其他工作。怎样"实施学生在公寓行为表现的综合考核"？有外国留学生建议，对违反住宿纪律的学生实行扣分制度。对严格遵守住宿纪律的优秀住宿学生给予优先选择公寓的机会。

第三节　我国高校对来华外国留学生课外活动的管理

2017 年 6 月，教育部、外交部、公安部令第 42 号《学校招收和培养国际学生管理办法》（中华人民共和国教育部、中华人民共和国外交部、中华人民共和国公安部令第 42 号，简称第 42 号令）对来华外国留学生的课外活动做了相关规定。

一、文体活动

第 42 号令第 26 条规定，高等学校鼓励国际学生参加有益于身心健康的文体活动，为其参加文体活动提供便利条件。国际学生可以自愿参加公益活动、中国重大节日的庆祝活动。高等学校一般不组织国际学生参加军训、政治性活动。近年来，深圳大学每年组织外国留学生参加"校长杯"篮球、足球、游泳等体育竞赛，中外大学生在运动场上切磋球技，互相学习，增进了友谊。课余时间，深圳大学组织外国留学生到深圳南山区中小学为中国青少年介绍世界各国风土人情的活动，"外国留学生进校园"不仅展示了外国留学生的文化与艺术水平，而且开拓了深圳南山区中小学生的文化视野，活动受到中外学生们的欢迎。

二、本国重要传统节日活动

第 42 号令第 27 条规定，国际学生经高等学校同意，可以在校内指定的地点和范围举行庆祝本国重要传统节日的活动，但不得有反对、攻击其他国家、民族的内容或者违反公共道德的言行。圣诞节是西方的传统节日，圣诞节期间，深圳大学组织外国留学生一起吃蛋糕、包饺子。外国留学生在西方传统节日期间感受中国的美食文化，学习中国的烹饪方法，有很多收获。

三、联谊活动

第 42 号令第 28 条规定，国际学生经高等学校批准，可以在学校内成立联谊团体，在中国的法律法规范围内活动，并接受学校的指导和管理。近年来，深圳大学注意在外国留学生中发掘具有体育、音乐天赋的学生，经学校批准，组织了深圳大学国际合唱团，由一名韩国博士生负责，深圳大学中外学生数十人参加该合唱团。"爱我中华"是该合唱团的经典合唱曲目，2019 年深圳大学国际合唱团荣获中国第二届"丝路青年梦想汇"二等奖。中外学生一起排练、演出，不仅丰富了课余生活，更促进了中外学生们的友谊。

四、校园内禁止宗教活动

第 42 号令第 29 条规定，高等学校应当尊重国际学生的民族习俗和宗教信仰，但不提供宗教活动场所。学校内不得进行传教、宗教聚会等任何宗教活动。近年来，深圳大学为加强对来华外国留学生中国法律法规、校纪校规教育，专门开设了"中国法律制度专题讲座""中国法律与社会"英文课程，并结合典型案例分析"学校内不得进行传教、宗教聚会等任何宗教活动"的优点，并邀请具有同等认知的外国留学生介绍他们的学习体会。

第四节　我国高校来华外国留学生趋同化教育培养问题

为防止我国高校对来华外国留学生实行所谓的"超国民待遇"，我国教育部门提出趋同化管理的要求。高校对来华外国留学生的"超国民待遇"包括高额奖学金、优惠的住宿条件，以及山东某大学对来华外国留学生所实行的所谓"学伴制度"等。① 2018 年，教育部颁布《来华留学生高等教育质量规范（试行）》，为政府管理、学校办学、社会评价提供指导和依据，其中专门强化了对来华留学生招生录取工作、

---

① 山东某大学就"学伴"项目致歉：将进行全面评估。山东某大学强调，学校实施中外学生"学伴"项目，旨在通过中外学生互相学习，促进学业进步及文化交流。该项目对自愿报名的中外学生进行选拔，要求参与项目的学生严格遵守相关规定。参与学生以小组制方式开展学习交流活动，不存在 1 名男留学生对应 3 名女生学伴的情况。项目开展以来，受到中外学生的欢迎。山东某大学表示，下一步，学校将对"学伴"项目进行全面评估，认真总结反思，不断改进工作，不负社会各界对学校的期望。山东某大学称，近日，网络中关于山东某大学举办中外学生"学伴"项目的评论，引发社会关注。在项目实施过程中，由于审核把关不严，在相关报名表格中出现"结交外国异性友人"不当选项等问题，引发不良影响，对此山东某大学深表歉意。向关心山东某大学发展的社会各界人士表示诚挚感谢，对广大网友的批评建议诚恳对待。

培养质量、汉语水平和趋同化管理的要求。2019年，教育部将继续坚持来华留学发展以质量为先，进一步完善现代化的来华留学治理体系和管理机制，创新工作方法，完善管理措施，打造"留学中国"品牌，切实提升来华留学教育质量与管理水平。①

一、我国高校来华外国留学生趋同化管理不同于"等同化"管理

大部分中国高校对中外研究生通常采取不同的录取方式，中国研究生需要通过笔试加面试的考试方式录取，而对来华留学研究生一般则通过"考核方式"录取。中国招生院校录取全日制中国研究生有严格的名额限制，对来华外国留学研究生则属于计划外招生，不受名额限制，这是近年来来华外国留学研究生数量快速增加的一个重要因素。据教育部统计，2018年来华外国留学研究生总数达到8.5万人，连续4年增幅均超过两位数，领先同期来华外国留学生人数以及来华学历生的增长幅度，占2018年来华学历生总数的32.9%。② 近年来来华外国留学研究生数量快速增加的另一重要因素是中国高等院校的重视，2015年国家颁布《统筹推进世界一流大学和一流学科建设总体方案》（简称"双一流"建设方案）要求，"营造良好的国际化教学和科研环境，增强对外籍优秀教师和高水平外国留学生的吸引力。积极参与国际教育规则制定、国际教育教学评估认证，切实提高我国高等教育的国际竞争力和话语权"。"双一流"建设方案提出的高水平留学生一般理解为来华攻读硕士、博士学位的研究生，实践表明，来华攻读硕士、博士学位的外国

---

① 晋浩天. 推进中外学生趋同化管理 ［N］. 光明日报，2019 – 07 – 21.
② 史竞男，胡浩. 196个国家和地区49.22万名留学生在2018年来华留学 ［EB/OL］. 中新网，2019 – 06 – 03.

留学生的政府奖学金名额明显多于来华非学历及本科学历学生。

二、提高科研能力是实现来华外国留学生内涵式发展的一个重要路径

我国著名科学家钱学森教授指出，如何培养研究生的科研创新能力是决定研究生教育质量的关键所在。① 国内相关机构组织的"来华留学生培养质量"的问卷调查说明，来华留学研究生期待与收获之间差距比较大的是"高质量的教育"存在较大落差。调查表明，32.2%的来华留学研究生期待在中国获得高质量教育，但是仅21.8%的受访者认为在高质量的教育方面有所收获。② 提升来华留学研究生科研创新能力是提升来华留学生在中国获得高质量教育的一个关键环节。在研究生培养过程中，科研能力可分为发现问题、查阅文献、总结归纳、实验设计、组织实施以及科研表达等项。其中"发现问题""查阅文献"以及"科研表达"等能力是文理科研究生都应当具备的。硕士研究生的培养目标是具备从事科研工作的能力，因此应注重培养硕士研究生"发现问题""查阅文献"等基本科研能力，打好从事科研工作的基础。博士研究生的培养目标是具备独立开展科研工作的能力，除"发现问题""查阅文献"等基础能力外，应注重培养博士研究生"总结归纳"和"科研表达"的能力。教育部提倡国内有条件的院校聘请海外专家对博士生论文工作合作指导，实行国际评审与国际答辩，提高博士论文质量和学生的国际竞争能力。可见，教育部对未来博士研究生"总结归纳"

---

① 李淑珍. 我国研究生科研创新能力影响因素及提升：以会计学硕士研究生为例［J］. 教育进展，2014（4）：136.

② 刘水云. 来华留学研究生培养质量调查［J］. 学位与研究生教育，2017（8）：28.

和"科研表达"等科研能力的高度重视。①

三、对来华外国留学生因材施教和分类培养

目前，我国招收外国留学研究生时，大多数院校均采取"考核"方式。在"考核"录取制度下，建议强化对面试程序的管理，这方面可以借鉴日本大学的经验，例如，要求来华读研的外国留学生提交"研究计划书"，导师组在面试过程中可以根据来华读研的外国留学生的研究兴趣、研究动机、基础知识等将其分类为"专业型""学术型"以及"委托培养型"等。所谓"专业型"，国际上通常是高等院校为社会培养具有专业和职业技能的应用型人才。甚至以在某些国家获得某一专业执照为前提条件，例如高等院校教师资格、律师资格、保险经纪人资格等。专业型硕士研究生的培养强调实践性。② 所谓"学术型"研究生是将来有意愿从事学术研究的学生，学术型研究生应具有更加扎实的学术功底，更加宽阔的学术视野。而对于一名来华外国留学研究生是否具备成为"学术型"研究生的潜质，导师组在面试时可以结合其所提交的"研究计划书"，对其专业知识、本科论文等方面的情况进行深入了解。所谓"委托培养型"是指由用人单位提供学费，将具有培养潜力的雇员或职员送到高等院校进行培养，完成学业后再回到原单位工作的培养模式。我国改革开放初期，人才缺乏，很多大型国有企业均采用委托培养的方式培养企业急需的人才。

---

① 教育部研究生司. 天津大学博士研究生教育综合改革试点工作经验做法［EB/OL］. 中华人民共和国教育部，2019 – 01 – 24.

② 伍雪冬，苏晨羽，肖毅. 国内外专业硕士学位教育比较研究［J］. 当代教育理论与实践，2014（11）：75 – 76.

（一）提升专业型来华外国留学研究生科研能力应注意的问题

北京大学等中国名校在招收来华留学学术型硕士研究生的同时，也招收专业型来华留学硕士研究生。2018 年共有 1004 所中国高校和科研机构招收来华留学人员，虽然 2018 年来华硕士和博士研究生总数为 8.5 万名，除北大、清华等名校外，每所中国普通高校和科研机构平均招收的来华硕士和博士研究生数量有限，因此中国普通高校和科研机构大多数没有对来华留学硕士研究生进行"专业型"和"学术型"的分类。

笔者认为，要根据来华外国留学硕士生的学习和工作背景以及未来工作意愿对其进行分类指导。对于具有专业型倾向的来华外国留学硕士研究生，导师对其科研能力的培养应突出实践性。所谓科研能力的培养应突出实践性，指鼓励来华外国留学硕士研究生通过对两个具有相似性的案例进行比较分析，然后提出问题，并在此基础上提出解决问题的方案。例如，指导来华外国留学硕士研究生撰写人力资源管理方面的论文，针对公司企业的绩效改革问题，要求来华留学研究生将中外 A 与 B 两个企业的绩效改革方案进行比较研究，在此基础上对如何改进不足之处进行分析和研究。而就某个特定案例的研究，则要引导来华外国留学硕士研究生研究案例的细节及相关程序。例如针对美国对华反倾销案件的研究，美国反倾销案立案标准、美国反倾销机构对倾销幅度的计算等与 WTO 规则的冲突等诸多细节均为研究的重点内容。一个主题之下的中外相似案例的比较研究以及对个案细节及相关程序的研究凸显了学术研究的实践性，对将来毕业后希望从事实务工作的来华留学研究生具有较强的吸引力，能较好地激发其学习和研究的热情。

（二）提升学术型来华外国研究生科研能力应注意的问题

美籍著名教授丘成桐先生指出，中国大学对研究生的态度存在误区。一般都以为研究生是跟着导师学习的，没有意识到他们其实就是导师的研究团队的成员。美国的教授都是与他的研究生、博士后一同打天下的。很多研究生的想法其实比教授还好，他们更能够探索出不同的方向。① 培养学术型来华留学硕士研究生，作为中国导师除了在录取时要考察其对社会科学的某个领域是否具有独到的见解外，还要考察该学生合作共事的能力。学术型来华研究生与其中国导师构建了一个研究共同体，在这个共同体中，中国导师提升研究型来华研究生科研能力的关键问题不是简单的知识输出。②

　　导师对文科学术型研究生科研能力的培养要注重以下方面：一是要指定必读书籍和论文，并定期抽查阅读情况。二是要对其撰写的论文提出具体要求，例如为培养其查阅文献的科研能力，笔者通常要求其撰写的学期论文必须有中外两种文字的参考文献或引注。案例研究通常也是学术型研究生常用的一种研究方法，对于学术型研究生的案例研究，导师要重视来华学术型研究生对案例背景以及案例产生的影响的分析和阐述。要将案例背景和案例产生的影响分析透彻无疑需要更多旁征博引，这正是检视一名学术型研究生是否具有宽阔的学术视野，是否善于文献分析以及是否具有较好的学术功底的机会。三是要负责搭建共同研究的平台并制订好研究计划，把握好研究的方向和进度。2011 年，笔者招收了一名来自非洲的留学硕士研究生 A，为了构建研究共同体，笔者同时还招收了一名本科是法学专业毕业的中国研究生 B。笔者专门为这两位研究生制订了一项研究计划，即研究近年

---

① 丘成桐. 如何培养研究生的研究精神 ［J］. 国际人才交流，2016（9）：1 - 3.
② 芩逾豪，孙晓凤. 寓学生发展于研究生教学：学习伙伴模型在硕士研究生课程中的应用 ［J］. 学位与研究生教育，2014（9）：36 - 37.

来南非、津巴布韦以及博兹瓦纳等混合型法律体系国家的国际经济法经典判例，笔者带领两位研究生首先将所收集的英文版的经典判例翻译成中文，然后再对判例进行法律评析。A 研究生 1997 年从非洲某大学历史系毕业后，长期在非洲担任高中历史教师，熟悉案例的历史背景，研究生 B 则具有较好的法学功底。笔者与研究生 A 和 B 的合作正好发挥了他们各自的特长。2014 年 7 月，由笔者以及笔者的两位研究生 A 和 B 等共同撰写的学术专著《南部非洲国际经济法经典判例研究——兼析中南经济合作中的贸易、投资及劳工权益保护问题》由中国法制出版社出版。2015 年年末，该学术专著获得中国商务部颁发的 2014—2015 年度商务发展研究成果论著类优秀奖。

（三）提升委托培养型来华外国研究生科研能力应注意的问题

在来华外国留学研究生队伍中存在个别委托培养的学生。例如依据韩国公务员管理制度，连续工作若干年后，并通过考试，可以获得公派出国攻读硕士或博士学位的深造机会。2018 年，笔者接收了一名来自韩国某政府机构的来华留学研究生 L。L 同学本身是韩国政府公务员，研究生毕业后仍旧回到韩国公务员队伍，来华留学有"委托培养"的性质。类似 L 同学这种外国政府或外国相关机构委托培养的研究生，虽然数量少，但他们对加强中外友好关系的作用却不能小觑。这也正是笔者将委托培养型研究生单独划为一类、希望引起重视的主要原因。委托培养型研究生的特点：（1）为了"充电"而来华读研，有具体的工作单位和较为明确的工作目标；（2）有理论基础，有较为丰富的实践经验；（3）有较强的分析问题的能力。委托培养型留学研究生对其工作范围内的前沿性研究课题感兴趣，因此提升委托培养型留学研究生的科研能力，关键是能够与其共同探索其工作范围内前沿性研究课题。所谓前沿性研究课题，指正在进行或即将展开的研究领域。提升委托培养型留学研究生的科研能力，对导师来说，意味着迎接新挑战：一是研究生导师要准备大量与委托培养型来华研究生的前沿性工作相关的研究资料；二是研究生导师要学习研究个别以前较少关注的不熟悉的新课题。

作为被外国政府委托培养的研究生，他们可以选择中国，当然也可以选择美国或日本读研。但是，能够争取更多被外国政府委托培养的研究生来华读研，其意义无须赘言。因此，为提升委托培养型研究生的科研能力，作为导师应做到以下几个方面：一是保持教学内容的衔接性与前瞻性。笔者在为 L 同学讲授"专业文献阅读"这门研究生必修课时，选择大量与其未来工作以及毕业论文选题方向有很大关联度的中外文献进行讲解。由于课程内容针对性较强，极大地调动了 L 同学的学习积极性。学校研究生院原本为"专业文献阅读"课程只安排了 20 个课时，结果实际上课时间超过了计划课时的一倍。L 同学在"专业文献阅读"课程学习过程中共完成了将近 10 篇课后作业。二是保持研究内容的衔接性与前瞻性。L 同学提交作业后，笔者进行了加工整理，在此基础上撰写了题为《中国新外商投资法：韩国对华投资的机遇和挑战》的论文。

2018 年 3 月 22 日，中韩两国开始中韩自由贸易协定（FTA）"服务和投资"的后续谈判。2015 年中韩 FTA 签订时，中韩"服务和投资"领域全面开放的条件还不成熟，这为时下正进行的中韩自由贸易协定（FTA）后续谈判预留了巨大空间。

2019 年 6 月 7 日，笔者与 L 同学以及另一个来自俄罗斯的外国同学三人合作在"韩国对外经济政策研究院（Korea Institute for International Economic Policy，KIEP）"的网络刊物的"中国专家论坛（Chinese Scholar Forum，CSF）"栏目发表的题为《中国新外商投资法：韩国对华投资的机遇和挑战》的论文，对如何抓住机遇，扩大开放，早日结束 2018 年 3 月 22 日开始的中韩自由贸易协定（FTA）"服务和投资"后续谈判提出了很多建设性建议。而"韩国对外经济政策研究院·中国专家论坛（KIEP CSF）"是韩国企划财政部、产业通商资源部、外交部等政府部门制定对华政策的一个智囊机构。作为韩国政府公务员 L 在读研期间，其合作论文能在韩国政府制定对华政策的智囊型媒体"韩国对外经济政策研究院·中国专家论坛（KIEP CSF）"发表，使其来华留学深造与其前期在韩国政府部门的工作保持了良好衔接。打造"留学中国"品牌是一项系统工程，涉及招生、培养等多个方面的工作。来华留学研究生属于高层次来华留学人员，受到中国政府的高度重视。提升来华留学研究生的科研能力是满足来华留学研究生对高质量教育的需求，是实现质量为先、内涵式发展的一个重要途径，作为来华留学研究生导师，应积极探索，在实践中不断总结经验。

小　结

经过多年实践并不断总结经验，中国高校对中外学生的学籍管理、住宿管理、培养方式以及课余活动的安排有的已经形成了明确的制度，有的则正在积极完善已有的做法。笔者认为，我国高校对来华外国研究生应结合其本科学历背景以及来华留学的目标，将其分为"专业型来华外国留学研究生"、"学术型来华外国留学研究生"以及"委托培养型来华外国留学研究生"，因材施教和分类培养，以提升各类来华外国留学研究生在中国读研期间的获得感。

第三章

部分世界名校考风考纪和学术诚信
等校纪校规的内容及经验借鉴

第一节　中外高校学生考风考纪和
学术诚信等校纪校规的内容

对中外高校的学生们来说，法律法规与校纪校规都是很重要的。校纪校规是依据法律法规，以维护学校秩序为目的制定的。中国高校的校纪校规因各个学校的历史传统不同而有所差异。但学校纪律比法律的要求更加严格和细致。对此，中外高校的校纪校规的规定基本相同。

一、斯坦福等美国名校学生考风考纪和学术诚信等校纪校规的内容

美国大学"考风考纪"、"学术诚信"以及"课堂与课后的作业要求"在学生的《荣誉守则》中均有体现。美国大学生《荣誉守则》涵盖学生遵守考试纪律、遵守课堂与课后作业的要求、遵守发表学术成果的要求及参与其他学术活动的要求的方方面面。违反美国大学的校纪校规通常包括违反《荣誉守则》和违反《生活纪律》两方面。在处分违纪学生的程序上，美国大学通常都建立了准司法体系，即要求召开违纪听证会，甚至设置陪审团等审理机构，而不得进行"有错推定"。"案

例前瞻"等英美法律的诉讼程序和原则在美国大学违纪追责程序中被广泛运用。在对违纪学生进行纪律追究过程中，某些美国大学，例如加州大学戴维斯分校，在启动正式纪律追究程序前，通常与涉嫌违纪学生协商采用非正式追责程序，以提高违纪追责的效率。美国大学对违纪学生纪律追究程序有的严肃刻板；有的虽然严肃认真，但并不缺少灵活性。这是美国大学因各自历史传统不同所表现出的差异性，中国大学也存在相似之处。

（一）荣誉守则

1. 学术诚信原则的含义和内容。美国大学高度重视学术诚信。《荣誉守则》是衡量学生学术行为的基本准则，也是认定学生学术诚信行为的基本依据。美国学生在刚入学的时候，通常会收到一份《荣誉守则（Honor Code）》，要求学生签字保证学术诚信。内容是我不撒谎，不作弊，不窃取他人成果，在学业上尽力而为……当我发现任何一门课程中有学术不诚信的情况时，我将立刻书面汇报给负责的老师。① 美国高校对学术不诚信的行为采取零容忍态度。一旦发现，轻则警告，重则开除学籍。斯坦福大学是美国著名的私立大学，2020 US NEWS 美国国内高校综合排名第 6 名。1921 年，美国斯坦福大学制定的《荣誉守则》，明确提出下列行为属于《荣誉守则》的违纪行为：①抄袭他人试卷或允许他人抄袭自己的试卷；②不准许的合作；③剽窃；④不经教师同意，修改或重交测验或考试的试卷；⑤在回家完成的考试中给予或接受不被准许的帮助；⑥替他人完成作业或（老师）布置的任务；⑦在明

---

① 刘蕾. 美国、日本、新加坡大学诚信教育对我国大学诚信教育的启示 [J]. 武夷学院学报，2013（6）：19 – 22.

知不允许的情况下就学术任务给予或接受帮助。① 何谓"不允许的合作"？绝大多数美国大学均将"不允许的合作"视为违纪行为。有一个案例可以说明，"GroupMe"是一款免费的消息服务软件，使用者可以用它共享文档、日历及图片等。许多学生用这款手机软件做作业，在App上"交流"作业答案。2017 年，美国俄亥俄州立大学有 83 人因使用"GroupMe"App 来"分享"课堂作业的答案，被教授发现并报告给学校。校方表示，这些学生违反学术诚信原则将不能按期毕业，情节严重者可能会被开除，原因是他们违反了"不允许的合作"。② 可见，"不允许的合作"是指学生们应独立完成作业或老师布置的其他任务。

2. 违反《荣誉守则》的处罚标准。（1）斯坦福大学的处罚标准。斯坦福大学学生将他人的研究成果当作自己的提交给老师或者学院，或者接受、给予他人不被允许的帮助。①首次违反《荣誉守则》的行为，斯坦福大学的违纪处罚标准是停课一学期外加 40 小时的社区服务（因受学校纪律处分的无偿劳动）。此外，老师将取消有违纪行为的学生选修课程的学分。②对于多次违纪（例如在一门课上多次作弊）的学生将处以停课三学期，并处 40 小时或以上的社区服务。③ 通常情况下，被停课的学生在停学期间不能进入学校上课，在停课期间内，被停学的

---

① 李玉娇. 美国大学大学生荣誉规则研究［D］. 哈尔滨：黑龙江大学，2018.

② 孟寅. 美 83 名大学生用 App "分享作业"遭罚［N］. 青年参考，2017 – 11 – 15.

③ In recent years, most student disciplinary cases have involved Honor Code violations; of these, the most frequent arise when a student submits another's work as his or her own, or gives or receives unpermitted aid. The standard sanction for a first offense includes a one – quarter suspension from the University and 40 hours of community service. In addition, most faculty members issue a "No Pass" or "No Credit" for the course in which the violation occurred. The standard sanction for multiple violations (e. g. cheating more than once in the same course) is a three – quarter suspension and 40 or more hours of community service. （斯坦福大学违反《荣誉守则》的处罚标准）

学生要认真反思自己的错误行为，并到社区做义务劳动，直到该学生证明自己在努力改正错误，才可能重返校园。（2）美国名校对违纪学生的处分标准有所不同。例如，美国加州大学戴维斯分校是 2020 US NEWS 美国国内高校综合排名第 39 名的著名公立学校。该校 95% 的学生违纪案件通过以下方式解决：首先违纪学生与学校签署一份书面协议，违纪学生承诺对违纪行为负责，学校学生资助及司法事务办公室（Office of Student Support and Judicial Affairs，简称 OSSJA）对违纪学生说明纪律处分方式并与违纪学生签署纪律处分协议，OSSJA 将签字后的协议交给违纪学生。如果违纪学生以前不曾有违纪的记录，OSSJA 通常不会对违纪学生停学或开除，而是对违纪学生做出留校察看的处分，同时要求该违纪学生完成有教育意义的工作，或者参加相关学习班。如果违纪学生有违纪的记录，学校会考虑采取停学或开除学籍的处分。如果受到违纪调查的学生不接受指控并且向 OSSJA 提供材料证明自己没有违纪，那么受调查学生将不会受到纪律处分，该案将以学生没有违纪行为结案。如果被指控的学生不承认违纪指控，而校方不想再进一步追究，尽管对该学生违纪问题仍旧存疑，OSSJA 会向该学生签发一份非纪律性通知书或者是书面警告。①

（二）基本准则

1. 斯坦福大学基本准则。斯坦福大学的学生们所遵守的基本准则是 1896 年制定的，制定基本准则的目的是希望斯坦福大学的学生们无论在校园内还是校园外都要遵守秩序、道德以及诚信原则并尊重他人的权利，上述品格是成为一个良好公民所必需的，如果违反上述基本准则

---

① Faculty Role Under Our Code of Academic Conduct ［EB/OL］. 加州大学戴维斯分校官网，2020 - 02 - 08.

将会被学校开除。这要求学生不能有下述违纪行为：①人身攻击；②损坏财产，试图损坏学校财产；③偷窃，包括偷窃学校财产，例如路标、家具或图书馆的图书；④伪造，例如伪造老师在成绩单上的签字；⑤性骚扰或其他两性关系上的不端行为；⑥用未经授权允许的账户资金上网或打长途电话；⑦在寻求经济援助、校内居住、以折扣价格购买计算机以及其他大学福利时做不实陈述；⑧滥用大学的计算机设备或邮箱；⑨酒后驾驶或吸食毒品后驾驶；⑩通过电话、邮件或者语音邮箱向其他同学发送恐吓或淫秽信息。对学生违纪行为的处分形式包括正式警告和社区服务，直至开除学籍。在每一起违纪案件中，违纪的性质和严重程度均有所不同，违纪学生犯案的动机也不一样，因此学生违纪的先例及处分方法将被作为违纪处分的参考标准。①

---

① The Fundamental Standard has set the standard of conduct for students at Stanford since 1896. It states: " Students at Stanford are expected to show both within and without the University such respect for order, morality, personal honor and the rights of others as is demanded of good citizens. Failure to do this will be sufficient cause for removal from the University. " Over the years, the Fundamental Standard has been applied to a great variety of situations. Actions which have been found to be in violation of it include: ①Physical Assault; ②Property damage; attempts to damage University property; ③Theft, including theft of University property such as street signs, furniture and library books; ④Forgery, such as signing an instructor's signature to a grade change card; ⑤Sexual harassment or other sexual misconduct; ⑥Charging computer time or long distance telephone calls to unauthorized accounts; ⑦Misrepresentation in seeking financial aid, University housing, discount computer purchases or other University benefits; ⑧Misuse of University computer equipment or e – mail; ⑨Driving on campus while under the influence of alcohol or drugs; ⑩Sending threatening and obscene messages to another student via e – mail, phone or voice – mail. There is no standard penalty that applies to violations of the Fundamental Standard. Infractions have led to penalties ranging from formal warning and community service to expulsion. In each case, the nature and seriousness of the offense, the motivation underlying the offense, and precedent in similar cases are considered. 《斯坦福大学基本准则》

2. 美国加州大学戴维斯分校的基本准则。美国加州大学戴维斯分校认为，学校纪律不仅包括考试纪律、作业纪律以及学术诚信纪律，还包括约束学生们在社会交往中的不端行为。学校对发生在校园内或校园外的违纪行为都将承担管理责任，但对发生在校园外的学生违纪行为管理权势必受到学校管理权限的限制。学生在社会交往中的行为不端包括违反学校噪声、酒精或毒品管理政策，扰乱课堂秩序，偷窃，诈骗，滥用计算机设备，以及威胁到他人健康和安全等行为。学生违纪行为性质越严重，对校园及社区的危害及风险越大，学校纪律处分也将越严厉。

（三）学生违纪管理机构

1. 违纪事件正式司法调查的机构以及工作原则。斯坦福大学学生违纪管理的机构包括以下 2 个：（1）学生管理职能部门。斯坦福大学学生管理职能部门由学生处（Student Affairs）及其下设的司法事务办公室（Office of Judicial Affairs）组成。工作人员由司法指导者（Judicial Advisor）、司法调查官（Judicial Officer）和司法事务行政官（Judicial Affairs Administrator）担任。其中学生违纪案件由学校司法事务办公室负责。（2）司法系统。斯坦福大学采取准司法程序处理包括学术不诚信在内的学生违纪案件，学校建立了一整套准司法体系。该系统的建立依据以下 3 个原则：一是确保《基本准则》和《诚信守则》的实施并将其作为斯坦福学生校园生活的核心部分；二是保证学生在建立司法政策和进行案件裁决中的核心作用；三是保护司法事务中所有当事人的权利，维护诚实和相互尊重的最高标准。在斯坦福大学的准司法体系中，司法事务委员会（Board on Judicial Affairs）、初审陪审团（Judicial Panel）、终审陪审团（Final Appeals Panel）成员半数以上由在校本科生或研究生担任。①

2. 违纪案件调查的准司法性。违纪案件调查的准司法性表现是多方面的，以听证为例，违纪案件听证会与法庭的听证会区别有以下 3 个方面：（1）违纪案件听证程序是非对抗性的。（2）违纪案件在听证程序中律师不能充当校方或违纪学生的代理人，但是涉嫌违纪学生以及违纪案件管理方可以聘请咨询顾问。（3）违纪案件听证会采用闭门方式，主要人员包括听证机构工作人员、被指控的违纪学生、违纪案件管理方、仅在做证时到场的证人以及一名校园司法委员会司法官员等，其他人员若想要加入，必须事先获得 OSSJA 的批准。②

3. 违纪案件非正式调查程序。美国高校违纪学生处分包括：斯坦福大学由准司法系统负责的正式调查程序和加州大学戴维斯分校非正式调查及处分程序两种。非正式调查及处分程序通常不启动正式听证程序，但需要一份由被投诉违纪的学生与 OSSJA 签署的书面协议，协议内容包括违纪行为是否发生以及与之相关的违纪处分方式等。没有违纪学生签署的书面协议，OSSJA 不能启动对违纪学生的纪律处分程序，除非违纪学生决定不参加非正式解决程序。如果违纪案件没有能够通过书面协议这种非正式渠道解决，那么案件将被提交给学校司法委员会，或负责听证程序的听证官，案件由此进入正式解决程序。如果学生决定不参加非正式解决程序，OSSJA 将单方面采取行动，或称正式听证程序。单方面的行动包括相关案件的立案登记，对成绩单、毕业或学位证书的纪律处分。被采取单方行动的学生有权上诉，但该学生必须对违纪事件

---

① 蒋立杰. 美国斯坦福大学学生违纪管理机制探析［J］. 教育探索，2011（7）：152－154.

② Office of Student Support and Judicial Affairs. 加州大学戴维斯分校官网.

处理不能与校方合作的原因进行合理解释。这就意味着，对违纪学生最有利的还是及时参加相关纪律调查程序。①

4. 上诉程序。OSSJA 主任把听证机构出具的报告及有关违纪指控的决定提交涉嫌违纪的学生，听证机构的指控应当基于听证会上所收集的证据，并且不得进行有错推定。接到违纪指控报告后，涉嫌违纪学生以及违纪管理方均可以在 10 个工作日内提出上诉请求。涉嫌违纪学生的上诉应当基于下述原则：（1）对违纪的指控没有事实依据。（2）纪律处分与听证调查结果不一致。（3）在听证调查程序中存在不公正。（4）听证结束后才获得在听证会上无法出示的重要证据等。②

二、东京大学等日本名校学生考风考纪和学术诚信等校纪校规的内容

在日本，无论学生还是职员，都给人彬彬有礼的印象。事实上日本高校学生违纪被学校处分的案例发生概率比较低，与日本法律制度有关。

（一）日本《轻犯罪法》将违反道德、纪律等社会规范视为违法行为

第二次世界大战后，日本为治理战后混乱的社会秩序，开始研究制定《轻犯罪法》。日本的《轻犯罪法》于 1948 年 5 月 1 日制定，1973 年 10 月 1 日进行了修改，删除了第 21 条。在现有的 33 项条款中，违反学校纪律或不道德的行为被规定为轻犯罪行为。因此，日本高校违纪的情况比较少，因为不管是在校大学生还是日本国民在公共场所排队加塞、随地吐痰、随处大小便、随便在他人住宅上张贴寻物启事以及在公共场所举止粗暴、制造麻烦、不注意安全，在有人的场所丢掷、灌注、

---

① Office of Student Support and Judicial Affairs. 加州大学戴维斯分校官网.
② Office of Student Support and Judicial Affairs. 加州大学戴维斯分校官网.

发射可能导致人身受伤的物品者，无正当理由释放可能对人畜有害的禽兽类动物或使之逃脱等在中国高校被认为违纪或不道德等行为，在日本属于轻犯罪行为。日本《轻犯罪法》在具体执行中，根据情节不同，施以免罪、拘留、罚款、拘留与罚款并处四种处罚。① 可能会被拘 1 ~

---

① 日本《轻犯罪法》第一条 凡犯下列各项罪之一的，处拘役或罚款。①无正当理由潜入无人看管的住宅、建筑物或船舶者。②无正当理由携带刀械、铁棒或可以伤害他人的器具者。③无正当理由携带可侵入他人住宅用的工具者。④有工作能力但没有职业，亦无求职意愿，游手好闲者。⑤在公共场所举止粗暴、制造麻烦者。（会议厅、电影院、餐厅饭店、各种娱乐场所，汽车、动车、船舶、飞机等都归公共场所）⑥无正当理由关闭公共场所灯火者。（街道、礼堂等都归公共场所）⑦在水道上放置船筏妨碍水路交通者。⑧无正当理由进出自然灾害或发生犯罪的场所，或不听从该场所救援人员、公务员指示者。（风灾、洪灾、火灾、地震、交通事故等都归自然灾害及犯罪场所）⑨不注意安全，在建筑物、森林或易燃物附近生火者。（加油站、化工厂等归属易燃物附近）⑩不注意安全，使用或玩弄枪炮、火药、锅炉者。⑪不注意安全，在有人的场所丢掷、灌注、发射可能导致人身受伤的物品者。⑫无正当理由释放可能对人畜有害的禽兽类动物，或使之逃脱者。⑬在公共场所言行粗野插队者。（汽车、动车、船舶、电影院、物资分配处、购票处等归公共场所）⑭制造噪声妨碍邻居休息且不接受公务员制止者。（人声、乐器、音响等归噪声类）⑮诈称拥有国内外公职、爵位、学位或穿着不符身份的法定制服或相似服装者。⑯向公务员虚报犯罪或灾害者。⑰从事典当、古物交易时，个人资料记载不实者。（姓名、住址、职业等归个人资料）⑱知道自己持有场所中有尸体或是需要救助的老弱病残，而不向公务员报告者。（尸体包含死胎）⑲无正当理由擅自移动不明死尸者。（尸体包含死胎）⑳在公共场所造成他人不快，或露出臀腿或身体其他部位者。㉑虐待动物者。（该条于 1973 年废除）㉒乞讨者或让人乞讨者。㉓没有正当理由在他人不穿着衣物的场所进行偷窥者。（住所、浴室、更衣间、厕所等归不着衣物场所）㉔妨碍公共仪式的进行，或对之进行恶作剧者。㉕妨碍河川、沟渠水路流通者。㉖在公共场所吐痰、大小便者，或让人吐痰、大小便者。（街道、公园等归公共场所）㉗违反公共利益，随便丢弃垃圾、禽兽尸体，其他污物、废弃物者。㉘妨碍他人行走，或接近、跟踪他人，使他人感到不安者。㉙共谋伤害他人身体，而且从事犯罪准备行为的共谋者。㉚利用狗或其他动物对人畜进行威吓，或惊动牛马使牛马逃走者。㉛妨碍他人进行工作业务，或对之进行恶作剧者。㉜没有正当理由进入禁止进入场所或私人土地者。㉝随便在他人住宅或物品上张贴东西，或随便移除、污损他人的标示物者。㉞售卖物品或提供服务时，使用欺骗他人，或让人发生误解的广告者。

29 天，或是被罚 1000~9999 日元，也有可能在拘留的同时进行罚款。①

（二）日本大学注重道德与纪律教育

1. 日本大学重视道德和纪律教育。在日本大学中，有关诚信培养、道德教育、社会价值、人生价值等内容的选修课程在日本高校受到学生们的欢迎。日本对在校大学生的管理上注重发挥教授的作用，其学生工作由教授负责。日本高校学生工作的领导机构为"学生生活委员会"或"学生委员会"，委员会主任及成员一般均为教授。请大学教授走向学生工作的第一线对于维护学生工作和德育工作的应有地位和借助教授在学生中的威信，提高对学生的号召力十分有利。②

2. 日本大学重视诚信教育。日本大学认为在学生阶段，通过各种课程来培养学生的诚信品质是不可或缺的。日本高校对学生的诚信实践非常重视，各学校除了理论教育之外，还以诚信教育为基础，开展丰富多彩的实践活动。日本高校鼓励学生亲身体验，鼓励学生走进社会、走进社区，并且要求学生在亲身体验中学会如何与他人和平相处，学会尊重他人的行为，懂得爱惜自己的人格。日本高校会不定期安排学生外出体验，给学生足够独立的空间，让学生独立思考，切身体会诚信的重要性。日本高校也经常就一些典型的反面教材来与学生进行深入探讨，帮助学生进一步明白诚信的重要性。理论与实践并重，是日本高校诚信教育的特点。

（三）日本高校对违纪学生的纪律处分

日本东京大学等名校对违反学术诚信的学生通常采用罚学分的处罚

---

① 王建华. 日本"国民素质高"的背后：日本《轻犯罪法》的约束作用［EB/OL］. 商丘市梁园区人民法院网，2016-08-17.

② 张雅妮，王秀彦. 日本高校学风建设的特色方法及对我国的启示［J］. 北京教育，2015（01）.

方式。例如 2015 年东京大学的一名学生提交的论文，约 75% 的内容涉嫌抄袭网络上已经发表的文章。东京大学认为，尽管该论文是 2014 年度后半学期的课题，但如果经过调查认定该学生在涉及成绩判定的考试及论文中作假，那么将取消该学生整个学期所有已修科目的学分。[①] 如果超越学校管理权限，例如需要进行司法调查该学生违反学术诚信案件，日本学校甚至会交给警方处理。例如 2011 年，日本某考生参加京都大学、早稻田大学、同志社大学和立教大学的招生考试，借助手机将试题传至互联网求助解答。日本警方接到学校报案后，以考生涉嫌"以欺诈行为妨碍（公共）事务"的罪名将其拘捕。在日本"以欺诈行为妨碍（公共）事务"者最高可被判 3 年监禁，罚金高达 50 万日元。

日本大学通过纪律方式对在校学生行为进行约束。日本上智大学的纪律规定，违反校纪的学生，按照其轻重，处以警告、停学或退学处分，该处分规定由校长决定。被勒令退学学生：①屡教不改，始终没有改正态度；②扰乱校内的秩序；③毁损大学的名誉；④除前款规定的事项外，其他有必要退学的事项。[②] 日本大学直接开除违纪学生的情况较少发生。2012 年 8 月，日本早稻田大学美式足球队到新潟县妙高市集训。集训期间，有 30 名男学生在入住酒店内集体偷窥女性洗澡。另外，在集训的最后一天，有 20 名高年级学生强行向未成年的低年级学生灌酒。对此，早稻田大学美式足球队 50 名队员被通报处分，分别停止参赛 1 ~ 3 次，足球队全体停止活动 10 天。[③]

---

① 程兰艳. 东京大学一学生论文 75% 系抄袭 将遭严厉处分 [EB/OL]. 中国新闻网，2015 − 03 − 13.

② 上智大学大学纪律规则.

③ 覃博雅. 日本早稻田大学大批学生因集体偷窥和灌酒受处分 [EB/OL]. 人民网，2012 − 09 − 20.

三、以色列特拉维夫大学考风考纪和学术诚信等校纪校规的内容

以色列特拉维夫大学下设 9 个学部，125 个学院及系别，在校生 30000 余人，是以色列最大的综合性大学，特拉维夫大学是一所教学与研究兼具的著名高等教育机构，在以色列学术排名第一。特拉维夫大学是以色列最重要的研究中心，参与超过 5000 个创新项目，涉足传统学科和前沿领域，包括生物信息学和纳米技术等。[①] 特拉维夫大学与欧美许多顶尖大学与机构紧密合作。以色列一共有 9 所大学，另外有 49 所学院（college）。在以色列，大学跟学院的主要区别是：①大学由政府资助；②只有大学可以招收博士研究生并授予博士学位。以色列大学相当于中国的重点或者一本大学，以色列的学院相当于中国的二本和三本大学。在以色列，学院是参照大学的相关标准来制订自己的学习计划和毕业要求的。

（一）特拉维夫大学的考风考纪和学术诚信纪律的内容

1. 考风考纪。特拉维夫大学在考试纪律方面十分严格。为了保证考试的公平公正，考试会有专门的监考官监考，每个考场里有两位监考官。监考官会先检查考场，保证考场里没有用于作弊的资料或电子设备，在检查完毕后学生才可以进入考场。监考官有一份学生名单和每个人对应的座位图，在确认学生的身份后，要求每个学生都坐在被安排好的座位上。学生之间的距离是按照考场的大小来决定的，但是最起码考生左右两边的座位是需要空着的。除了文具，学生要把自己的东西放在监考官的旁边，包括手机、背包等。在开考前学校会把试卷保存在密封

---

① 百度百科：特拉维夫大学.

的信封里，确保除了本科目的教师外没别人看过考试题目。学生全部坐下以后，在开考前五分钟，监考官把信封打开，把试卷反着放在每个学生的桌子上，只有在监考官宣布考试开始后，学生才可以把试卷反过来开始审题。考试的时候，禁止学生说话，如果遇到问题学生需要举手等监考官来才能发问。一般来说，考试科目的任课老师可以进入考场，但并不是一直在考场里，目的是可随时解答关于考试内容出现的问题。考场外面也有一位监考官，他的主要工作是保障外面没有人影响考生或陪同学生去洗手间。另外，考试过程规定不能有两名学生同时去洗手间，所以想去的学生需要先得到监考官的同意。如果某位考生与别人交谈、使用手机或者做了别的违反纪律的事情，监考官会取消其考试资格而且此学生会受到纪律委员会的追责。考试时间的规定也很严格，监考官宣布时间到了的时候学生必须立即放下手中的笔。

2. 学术诚信纪律。2018 年 6 月，以色列特拉维夫大学纪律委员会开会讨论如何处理学生违反学术诚信的案例，二年级社会科学的 A 学生，在"研究方法"的课程中按照教师的要求提交了期末论文。导师对其期末论文进行了检查，发现其论文与一篇在"UBANK"网站上的论文完全相同。导师提出疑问，A 学生也承认了自己的错误。A 学生表示这篇文论是他请自己姐姐帮忙写的，但是他并不知道他姐姐是在网站上购买的。特拉维夫大学的纪律委员会决定：取消该同学本课程的学分，停学两个星期，缓期一年执行。①

（二）特拉维夫大学的违纪处分

特拉维夫大学的违纪处罚制度非常严格，违反学校纪律的学生要面

_____

① "案件 18/2018/D"：特拉维夫大学的纪律委员会［DB/OL］．

对纪律委员会。过程像审判一样，学生可以为自己辩解和提供证据，有的学生甚至会雇请他人代表自己辩解。纪律委员会的裁决是可以申诉的，不过学生要先提供合理的申诉理由。按照规定，最低的处罚措施是取消本课程的学分，甚至很多作弊的学生会被停学。

四、上海交大密西根学院考风考纪和学术诚信等校纪校规的内容

中外合作办学机构是指经教育部批准的外国高校同中国高校在中国境内合作举办的以中国公民为主要招生对象的教育机构。中国境内目前有北工大都柏林学院、浙江大学伊利诺伊大学厄巴纳香槟校区联合学院等数十家中外合作办学机构。在学生管理方面，中外合作办学机构既要依据中国法律法规对学生进行管理，又要符合合作外方教育机构在学术诚信、道德品质方面的要求。现以上海交通大学密西根学院为例进行分析。

（一）上海交通大学密西根学院简介

上海交通大学密西根学院（University of Michigan – Shanghai Jiao Tong University Joint Institute，简称 JI）① 是经由教育部批准、按国际一流大学的标准和模式运行的中美合办的教学科研机构，2006 年开始招收本科生，2010 年首届本科生毕业，受到用人单位的欢迎。上海交大密西根学院实行理事会领导下的院长负责制，理事会成员均为中美合作学校的高层领导，每年举行两次会议，共同研究决策学院的重大事项。院长由上海交大著名校友、密西根大学终身教授、国际制造工程界著名科学家、"美国总统教授奖" 获得者——倪军教授担任，他也是学院的

---

① 上海交大密西根学院（学院概况）.

重要创始人之一。① 理事会闭会期间，由双方教授共同组成的学术委员会协助院长主持日常工作。上海交大密西根学院作为中美国际合作办学的典范，为学生创造赴美国密西根大学参加本科双学位项目、本科硕士连读项目，以及和海外多所一流大学合作的短期学习交流项目。

（二）JI 违反学术诚信及其他违纪事项的调查处理机构

作为中美联合举办的高等教育机构，JI 违反学术诚信及其他违纪事项调查处理机构兼具中美两国高等教育机构处理违反学术诚信及其他违纪事项调查的优点，既注重程序公开、学生参与，同时又讲求效率。具体来说，由"荣誉委员会"启动案件调查程序并做出处分建议，由"教师纪律委员会"进行复审并做最终处分决定。

1. 荣誉守则的原则

JI 学院主要开设机械、电子、材料等工程科目，其诚信原则基于职业特点包含以下 4 点内容：①选择工程师职业，在当学生时就必须诚信；工程师必须以诚信原则确保所从事工作的安全、健康和公正。并且在其所从事的事业中适当并合理地利用资源。②JI 的成员是诚实和可以信赖的。③教师、学生以及学院的其他工作人员相互信任，学院每个人都将坚持学术诚信的原则。他们将对违反学术诚信原则的行为和措施采取一致的反制行动。④对学生来说，获得不是靠自己努力奋斗而得到的荣誉是不光彩的事情。②

2. 荣誉委员会的职责

荣誉委员会成员定期到 JI 各个班级参访，帮助同学们了解委员会

---

① 上海交通大学密西根学院迎来首批新生［EB/OL］. 正保考研教育网，2006 – 09 – 11.

② Preamble.

的目的，并回答同学们的问题。担任荣誉委员会委员的同学毕业离校时，委员会委员名额出现空缺，委员会将会按照事先确定的程序递补新的委员，荣誉委员会将每起违反学术诚信的可疑事件以及纪律处分建议提交学院教师纪律委员会。如果被调查的学生不认可荣誉委员会的调查结果，那么有权提请学院教师纪律委员会对荣誉委员会的决定进行复审。荣誉委员会的调查程序包括某些非学术诚信方面的违纪行为，例如偷窃、损害财产、伤害他人身体、故意破坏计算资源（在 IT 行业，计算资源一般指计算机程序运行时所需的 CPU 资源、内存资源、硬盘资源和网络资源）。上述行为被包括但不仅限于荣誉委员会调查的违纪行为。在例外的情形下，上述行为直接受教师纪律委员会的调查，而非先通过诚信委员会调查。

（三）荣誉守则的适用

荣誉守则适用于考试、测验以及课堂作业。在考试或测验时，学生必须在指定座位坐好，两位考生之间应当至少有一个空位，这有助于确保考生能在比较宽松的座位上考试，同时减少抄袭等不良行为。当然考试条件不允许两位考生之间有空位，那么荣誉守则在这种情况下也是有效的。考生要准备好身份证明，以便监考人员检查。不允许考生将与考试无关的东西带入考场，特别是计算机、音乐和视频播放器、手机和其他电子设备。除非有明确的相反的规定。如果需要计算器、笔记、课本，考试开始前主考老师会通知。考试过程中，考生如果获得准许，可以短时间离开教室，但是不允许在教室内外交流任何与考试相关的问题，所有与考试相关的问题要向主考老师反映。考试结束后，学生们必须在考卷上签署诚信保证。保证如下："在这次考试过程中，我既没有给予也没有接受过未经授权的资助，也不曾隐瞒自己或他人违反荣誉准则的行为。"如果考生没有在诚信声明上签字，老师将不予阅卷评分。无论学生是否签署诚信声明，荣誉守则都是有效的。除了考试，荣誉守则还被适用于以下 3 个方面：

1. 课堂作业以及作品的知识产权归属。课堂作业包括家庭作业、编程作业、实验报告、论文、班级项目、回家进行的自我测验以及其他任课老师安排的学习任务。同学们合作完成作业需要得到任课老师的同意，任课老师将要求同学在课堂作业上签署诚信声明。如果把不是源自自己得出的实验结论、把不是自己的设想当作自己的成果提交给老师，该行为属于剽窃行为。剽窃是严重违反荣誉守则的行为。

2. 合作项目。如果是由一个小组合作完成的任务，例如实验报告、项目报告、合作课程等，那么要求小组所有成员共同对所提交的任务负责；如果发现由小组提交报告的某一部分违反荣誉守则，那么所有成员，只要他们在这份报告上署名，那么均将承担违反荣誉守则的责任。当然，若是情况特殊，根据指导老师的要求，某一部分工作仅由某个特定成员单独完成，那么这属于例外。

3. 学校文件、计算机账户及软件等均属于荣誉守则适用对象。

（四）荣誉委员会与教师纪律委员会的职责分工

如果一个学生涉嫌违反荣誉守则，那么这个学生有义务与荣誉委员会合作进行调查，提供证明材料以及在听证程序中为自己辩护。涉嫌违反诚信的学生不仅有权参加关于他涉嫌违纪的听证会，而且有权查看相关证明材料。荣誉委员会将最终做出该涉嫌违纪学生是否违反荣誉守则的决定，并建议给予相应的违纪处分。荣誉委员会将通知该涉嫌违纪同学。教师纪律委员会将在听证会后三天内做出决定。涉嫌违纪的同学和任课老师都有权在荣誉委员会的决定做出后的两周内向教师纪律委员会上诉。教师纪律委员会将对案件进行复审，如果不认可荣誉委员会的结论，将撤销荣誉委员会的决定并将案件发回重新审查，但无论如何，是否违反诚信纪律的决定都是由荣誉委员会做出。

教师纪律委员会是由 JI 全体教职员组成的。该委员会的目的是处分由荣誉委员会认定的违纪案件。当教师纪律委员会做出处分决定时，首先要考虑的是荣誉委员会的建议。如果教师委员会认为没有足够证据做出处分决定，将会把案件发回荣誉委员会重新审查，而不是对所谓违纪案件自己进行调查。教师纪律委员会的处分决定通常是最终决定，如有上诉，那么只能向院长办公室提交上诉申请，请求 JI 院长会议决定。

（五）JI 对违纪学生纪律处分形式和种类

1. 第一次违反诚信守则的惩罚通常是将涉及的作业扣分以及成绩降级（例如由 A 降至 B，或由 B 降至 C 等）。

2. 如果第二次违反荣誉守则，特别是严重违反，那么违纪学生将受到的违纪处分包括减少有问题的作业或考试的分数的同时相关科目降低成绩档次，并在此基础上，要求违纪学生修读更多的学分方可毕业。不仅如此，JI 将向上海交通大学建议，该违纪学生个人档案中将记载"警告"、"严重警告"、"记过"以及"留校察看"四种纪律处分中的一种，或者按照上海交通大学的《学生守则》予以开除。学生违纪处分均将根据违纪的严重性以及具体情况由教师纪律委员会做出决定。

3. 非学术性违纪，任何上述处分均将由教师纪律委员会根据违纪的性质进行违纪处分。

4. 如果一个学生已经受到记过、留校察看等违纪处分，此后，又违反荣誉守则，那么将被 JI 开除，JI 也将建议上海交大开除该违纪学生。无论是第一次还是以后违反荣誉守则，上海交通大学都将按照学校规定进行违纪处分。上海交通大学有权在 JI 违纪处分的基础上进行额外的处分，包括从上海交通大学开除等。①

第二节　中外高校大学生纪律规范比较及经验借鉴

通过美国斯坦福大学、加州大学戴维斯分校以及日本东京大学等美、日高校对违纪学生的纪律管理制度的研究可以看出，美、日高校学生纪律规范的内容和特点各有不同。即便同样是美国名校，斯坦福大学和加州大学戴维斯分校也并非完全一致。美国高校对违纪学生的纪律处分通常要召开听证会，甚至设置陪审团。② 中国高校对违纪学生的处分

---

① Typical sanctions for a first violation include a grade reduction on the work in question and a reduction in letter grade for the course. Second violations of the Honor Code are especially major. For a second violation, students will normally receive a grade reduction for the work in question, a reduction in letter grade for the course, and an increase in the number of academic credits required for graduation. In addition to the above, JI may recommend to SJTU that the student receive one of the following administrative entries in his personal file: Jinggao (warning), Yanzhong Jinggao (serious warning), Ji Guo (recorded demerit), Liu Xiao Chakan (probation), or expulsion according to the rules in the SJTU Handbook. These or other sanctions appropriate to the violation are determined by the FCD based on the seve-rity and circumstances of the violation. For non – academic violations, any of the above sanctions may be imposed by the FCD according to the nature of the violation. If a student violates the Honor Code after already having received either Ji Guo or Liu Xiao Chakan, they will be expelled from JI. JI will recommend to SJTU that the student be expelled from the university. For a first or later violation of the Honor Code, SJTU may follow their specified policies on student conduct in addition to JI process outlined in this document. SJTU's processes may lead to additional sanctions beyond those administered by JI, including expulsion from SJTU (see the SJTU Student Handbook for details). （上海交通大学密西根学院官网）
② 蒋立杰. 美国斯坦福大学学生违纪管理机制探析 [J]. 教育探索, 2011 (7)：241.

主要依据《普通高等学校学生管理规定》，有关程序性规定主要是第55至62条，被处分学生依据教育部的规定，有知悉权、申诉权等，并有权向学校所在地省级教育行政部门提出书面申诉。[①] 中外高校，特别是中美高校除对违纪学生纪律处分的程序不同外，下述方面值得重视。大学生学术诚信教育必须从严。美国、日本大学的诚信教育也许并非十全十美，但即便出国留学孩子的父母也懂得美国、日本高校的文凭不好拿，对学术诚信要求高是其中一项重要因素。美国某教育机构公布的报告显示，2013年到2016年间，共有2914名中国留学生被美国高校劝退。2016年，中国留学生被学校劝退的两个主要原因分别为高达四成的"学术表现差"，而"学术不诚信"以33%占比居第二。某教育机构强调，"学术不诚信"的比率，由前一年的25%增至33%，增幅明显加大。[②] 斯坦福大学等西方名校为我国高校加强考风考纪和学术诚信建设提供了可借鉴的经验。

[①] 第55条 在对学生做出处分或者其他不利决定之前，学校应当告知学生做出决定的事实、理由及依据，并告知学生享有陈述和申辩的权利，听取学生的陈述和申辩。
第59条 学校应当成立学生申诉处理委员会，负责受理学生对处理或者处分决定不服提起的申诉。学生申诉处理委员会应当由学校相关负责人、职能部门负责人、教师代表、学生代表、负责法律事务的相关机构负责人等组成，可以聘请校外法律、教育等方面专家参加。学生申诉处理委员会经复查，认为做出处理或者处分的事实、依据、程序等存在不当，可以做出建议撤销或变更的复查意见，要求相关职能部门予以研究，重新提交校长办公会或者专门会议做出决定。
第62条 学生对复查决定有异议的，在接到学校复查决定书之日起15日内，可以向学校所在地省级教育行政部门提出书面申诉。省级教育行政部门应当在接到学生书面申诉之日起30个工作日内，对申诉人的问题给予处理并做出决定。
[②] 黄惠玲. "学术差""不诚信"成留美中国学生遭劝退主因［EB/OL］. 海外网，2016－06－06.

一、需要建立加强考风考纪和学术诚信的共识

中国属于熟人社会，受人之托，为他人讲情，似乎理所当然，不需要犹豫，更没有丧失尊严。大学校园是社会的一个组成部分，校园中受人之托，为学生讲情的事情也很多。笔者的一个同事甲老师，在 A 大学博士毕业后，到 B 大学任教，由于科研成果突出，很快被聘为教授。A 大学博士研究生毕业论文需要外审，一次，甲老师收到一份了从 A 大学寄来的博士研究生的外审论文，收到外审论文的同时，也接到了 A 大学研究生院某老师的电话，要求他关照一下师弟师妹的毕业论文。甲老师拿到论文后，发现论文存在很多问题，于是在回执上写道：作者应先修改论文，不能立即参加答辩。外审论文寄回后，A 大学研究生院那个老师电话又打来了，说你这样评审师弟师妹的论文，将来怎么有脸再回 A 大学参加校庆或学术会议。听语气，似乎对甲老师的指责是理所当然。类似事情也同样发生在本科生、硕士研究生论文答辩以及科研项目的评审中。可见，学术诚信首先应从建立共识开始，也就是一所大学的领导、老师、辅导员以及办公室人员共同签署诚信声明，采取一致行动抵制学术不端。不仅如此，建议教育行政主管部门要求所属大学都以签署学术诚信声明的方式建立学术诚信的共识。

二、需要排除外来干扰

学术诚信是神圣的，但在某些高校，在特定的环境下，老师不能理直气壮地要求学生。例如某年某月，某高校硕士研究生答辩，其中有两位同学的论文实在太差，要么注释不规范，要么论文的某些段落直接从网上拷贝。鉴于上述情况，答辩小组投票否决了上述两位同学的学位论文。按照答辩规则，上述两位同学必须修改，经导师同意后，第二年再提交答辩小组答辩。可是，这两位没有通过论文答辩的同学四处找关系，理由是自己已经找到心仪的工作，按照公司要求，如果不出示学位证书将不予录用，因此要求所在学院为其再组织一次论文答辩。对于学校来说，毕业生就业率是一个很重要的指标，不仅教育行政部门关注，社会各界也很关心。于是这两位没通过论文答辩的学生找到校领导，校领导指示，在一个月以内，为这两位同学再安排一次论文答辩，因为只有一个月的时间，所以这两位硕士研究生的毕业论文没有按要求进行修改，论文注释不规范，以及个别句子从网上拷贝的情况依然存在，但却又一次提交答辩了。答辩小组非常为难，如果再次否决他们的论文，岂不影响学院硕士研究生就业率？更重要的是，校领导是否会不高兴？结果两位硕士研究生的论文全票通过。类似情况也发生在本科毕业论文答辩中。上述案例说明，我国大学学术诚信纪律建设受就业率等诸多因素的制约，要在中国大学确立学术诚信的理念，就必须排除外来干扰，就必须以全校师生签名宣誓的方式达成共识，不能因提升就业率等外在原因放松对学术诚信的要求。

三、学术诚信纪律应成为学生的最高纪律

中国法律包括根本法、基本法以及基本法以外的法律法规，上位法的效力优于下位法。中国大学生校纪校规虽然包括学习纪律、生活纪律、实习纪律等行为规范，但上述纪律通常都是所在学校学生守则中的一个部分，因此没有位阶之分。考试时不能交头接耳是一项考试纪律。在新型冠状病毒流行期间，在公共场所应当戴口罩属于生活纪律。尽管学生的主要任务是学习，却不能因此就认为学习纪律的效力高于生活纪

律。但是，笔者认为学校可以通过反复强调而凸显某项纪律的重要性。美国某些大学新生入学的首要任务就是与学校签署荣誉守则，拒绝签署的学生将被学校辞退。学校官网上通常刊载荣誉守则的内容。美国弗吉尼亚是最早制定荣誉守则的学校，迄今为止已经有 168 年的历史，进入弗吉尼亚大学官网，然后进入荣誉守则网页（https：//honor. virginia. edu/）映入眼帘的是几行大字："《弗吉尼亚大学荣誉守则》可以理解为禁止和期望同在。禁止：学生们应发誓不撒谎、不作弊、不偷窃，如果违反誓言，将永远被开除出弗吉尼亚校园。期望：祝愿同学们能在此塑造高尚品质，同学们应珍视荣誉守则，它使同学们生活在弗吉尼亚大学校园成为一种荣耀，新老同学有进有出，唯独荣耀永久传承，荣誉守则使我们成为一个荣誉的团体。"[①] 《哈佛大学荣誉守则》是 1897 年制定的，现已成为学院师生价值追求的体现以及哈佛教育理念传承的一个组成部分。荣誉守则对哈佛人的影响是巨大的，这种影响从学术开放精神到人际交往，在荣誉守则建立后的 100 多年，对哈佛大学的影响渗透到哈佛校园的方方面面，尽管荣誉守则每年都会被学生团体修订，但一直在哈佛校园中塑造着哈佛人彼此相互信任、关心和尊重的学术氛围。荣誉守则可以保证，一旦同学们从哈佛大学毕业，他们不仅拥有物理、哲学等方面的专业知识，更主要的是，同学们将成为一个个值得信赖、值得关心和尊重的社会成员，因他们的存在社会将变

---

① The University of Virginia's Honor Code is at once an injunction and an aspiration. The injunction is simple：students pledge never to lie, cheat, or steal, and accept that the consequence for breaking this pledge is permanent dismissal from the University. It is for its aspirational quality, however, that the Honor Code is so cherished：in leading lives of honor, students have continuously renewed that unique spirit of compassion and interconnectedness that has come to be called the Community of Trust. The University of Virginia's Honor Code. (《弗吉尼亚大学荣誉守则》)

得更加强大。① 荣誉守则的作用还体现在，学生可以自行安排没有监考的考试、没有安装远程监控的学生宿舍、24 小时自由进出的实验室以及不要求学生缴纳入学注册押金。

四、要明确学术诚信的内容

不论是斯坦福大学、弗吉尼亚大学还是加州大学戴维斯分校等美国高校，对荣誉守则的具体要求都有明确的文字表述。有的言简意赅，例如《弗吉尼亚大学荣誉守则》可以浓缩为不撒谎、不作弊、不偷窃等文字，但其内涵却是丰富的。正如弗吉尼亚大学校长特雷莎·沙利文说："《弗吉尼亚大学荣誉守则》是该校独特的标志，雇主们告诉我，从弗吉尼亚大学毕业的雇员们的诚信品质比他们的聪明才智更加杰出。"② 相比之下，《斯坦福大学荣誉守则》的内容要更加具体，仅在学术诚信方面就提出七项注意内容。与美国斯坦福大学对学术诚信的要求相比，我国高校除考试、考核以及论文写作等方面诚信要求外，对学术

---

① The Honor Code has a tremendous impact on the Haverford community, influencing everything from the spirit of academic openness to personal relationships. The Honor Code has been in place for more than 100 years, yet it is a dynamic aspect of life at Haverford: it is revised and must be re‑ratified every year by the student body. It is one of the most unique facets of life at Haverford, helping to establish an environment based on mutual trust, concern, and respect. The Code guarantees that once students graduate from Haverford they've learned more than just French or physics or philosophy. They've learned responsibility and citizenship and how being a trustworthy, concerned and respectful community member makes every community stronger. Reflections of our Honor Code include self‑scheduled, un‑proctored exams, the absence of RAs in dorms, 24‑hour lab access, and the lack of an admission enrollment deposit. Honor code. （《哈佛大学荣誉守则》）

② President Teresa Sullivan: "The Honor Code is one of UVA's distinctive hallmarks. Employers tell me that their employees from UVA stand out for more than their intelligence and skills—the UVA alumni stand out for their integrity." About the Honor Committee. （关于荣誉委员）

诚信的其他细节缺少明确的纪律规范。例如合作完成作业、实验报告、论文的注释方式等缺乏明细的纪律规制。也许有人会问，如何解释《弗吉尼亚大学荣誉守则》的言简意赅？其实，弗吉尼亚大学在荣誉守则网页对每项要求也有明确说明。例如进入该校荣誉守则的学术资源栏目，该校对学术欺骗的诠释：什么是学术欺骗？学术欺骗是欺骗的一种形式，关于学术欺骗有如下方式，应提醒大家注意。①剽窃。什么是剽窃？指从一本书、一个网页或其他材料中摘取一段话放到文章中，没有加注引号。另外，解释或释义而未注引原文也属于剽窃。②多次提交。指提交以前已经提交或在另一课堂提交过的作品。③错误引用。读者依据脚注或尾注搜索，但被注引的资料并不存在。④错误数据。为得到更好的实验结果而更改数据资料。⑤网络资源。关于如何使用网络资源，《弗吉尼亚大学荣誉守则》要求："考虑到互联网资源所使用的学术资料很快会成为流行资料。因为越来越多的人在使用计算机，致力于学术研究的网站的数量急剧增多。他们中大多数提供的资料是可靠的，但有些网站刊载资料并非有据可查。如果你使用互联网资源，要使用合适的注引方式。例如前述注引方式以及 MAL（美国现代语言协会制定的论文指导格式）、Chicago Manual Style（芝加哥格式）或 APA Style（美国心理学会格式）等注引方式。"美国大学不仅在官网上对荣誉守则内容有明确的文字说明，而且教师在上课时会针对如何注引、如何使用学术资源进行讲解，避免发生学术不端行为。

五、要反复强调，加深印象

新生入学签署荣誉守则，学校或学院的官网上刊登荣誉守则内容及要求是否已经足够？不是，杜克大学等美国许多高校等举办学术"诚信节"或"诚信周"活动,而且由学生社团组织定期讨论荣誉守则的修订和完善。上海交通大学密西根学院要求考生在每次作业、考试的考卷上必须签署诚信声明。可见,一个学生每学期需要数十次在诚信声明上签字,这种不断重复的过程,是不断加深印象的过程,相信同学们在一次次签字的过程中,对诚信的重要性会有更加深刻的认知。

六、学生们广泛参与学术诚信纪律的制定、修改及反诚信行为调查

斯坦福大学、弗吉尼亚大学等美国著名大学荣誉守则的制定和修改完全由学生团体自己负责,而反诚信行为的检举和调查也由学生们负责。例如上海交通大学密西根学院同学们在签署诚信声明时,不仅要表明自己遵守诚信守则,而且还要保证不曾隐瞒他人的不诚信行为。在反诚信行为调查程序中,斯坦福大学的调查听证、陪审团都有学生参与,而上海交通大学密西根学院违反荣誉守则的案件完全由学生组建的荣誉委员会负责调查。美国高校学生广泛参与荣誉守则的制定及反诚信行为调查的过程,也是学习荣誉守则以及接受教育的过程。这种对荣誉守则的制定与执行的过程可以视为学习荣誉守则的"第二课堂"或"隐课堂"。实践表明,这种由学生参与的第二课堂的效果常常优于对学生们正面的说教和灌输。弗吉尼亚大学荣誉委员会每学期都举办各种活动,还有很多岗位供同学们选择。①荣誉委员会宿舍代表。负责荣誉委员会与住宿同学们之间的联络,直接向委员会反馈同学们的意见,倾听同学们所关注的问题。②荣誉委员会支援人员。负责办案和社区教育,荣誉委员会支援人员分为顾问、调查员以及宣教员。顾问负责在调查程序中提供资料,参与调查性访谈,参加相关会议。调查员负责审查荣誉委员会的调查报告;如果案件进入听证程序,调查员将帮助涉嫌违纪学生和

所属社区准备案件的陈述。宣教人员负责在学生社区主持并宣讲荣誉委员会的使命和政策。苏珊·艾伦博士（弗吉尼亚大学校友）说："我 30 年前从弗吉尼亚大学毕业，我一生中每一天都会想起弗吉尼亚大学的荣誉守则，任何时候当我在工作中遇到有违诚信理念的事情，我在弗吉尼亚大学所建立起来的价值观都会引领我做出正确选择。"①

七、对违反学术诚信纪律的学生建立加重处罚制度

美、日高校对违反学术诚信行为的纪律处分在力度上高于中国高校。例如，美国弗吉尼亚大学对于撒谎、欺骗以及偷窃的违纪处分就是直接开除，没有其他选择，这种严厉的处分方式迄今已经沿用 168 年。据悉，1998 年至 2014 年弗吉尼亚大学就有 183 名学生因为违反学生诚信原则，在论文、考试等学术活动中有作弊行为而被学校开除。② 早在 1994 年，弗吉尼亚大学学生也曾经讨论修改学校过于严厉的违反学校诚信纪律的处分方式，例如，有同学提议将对于"撒谎、作弊以及偷窃的违纪处分"从直接开除变为停学等措施，但最后讨论结果是，不同意修改的学生居多。又如上海交通大学密西根学院对作业或课堂测验作弊的纪律处分包括扣减分数的同时相关科目降低成绩档次（例如由 A 降至 B，或由 B 降至 C 等）。2 次以上作弊，则将增加毕业所要求的学

---

① Dr. Susan Allen（alumnus）："I graduated almost thirty years ago, and I still think about Honor code at UVA almost every day of my life. Anytime I'm confronted with a situation that might work to compromise my integrity, my recollection of the values that Honor at UVA instilled in me helps me choose the right path." About the Honor Committee.（关于荣誉委员会）

② NELSON L. UVA Has Expelled 183 Students for Honor Code Violations — and None for Sexual Assault［EB/OL］. Vox，2014 – 11 – 26.

分。斯坦福大学对于首次违反荣誉守则的违纪行为的违纪处罚标准是停课一学期外加 40 小时的社区服务（因受学校纪律处分的无偿劳动）。此外，老师将取消有违纪行为的学生选修课程的学分。对于多次违纪（例如在一门课上多次作弊）的学生将处以停课三学期，并处 40 小时或以上的社区服务。日本东京大学对作弊学生的纪律处分是取消该学生整个学期所有学分。拉格斯大学的麦柯克比教授于 1990 年、1995 年和 1999 年对美国 48 所大学进行了一项调查，发现荣誉守则制度有效地减少了学生的舞弊行为。这一调查结论促使一些高校开始建立荣誉守则制度。麦柯克比还做了另外几项调查，得出的重要结论包括：利用互联网进行剽窃在大学校园里正有蔓延之势。由于大学在这方面没有给学生以明确的指引，因此造成大多数学生认为从互联网上剪贴几句话下来，即使未注明来源也不算是剽窃；老师对待舞弊的态度，会影响学生的行为。如果老师对学生的作弊不予重视或不采取严厉的措施，那么整个班上的抄袭行为就会显著增加。① 美日高校对违反学术诚信行为的纪律处分不限于存在违纪问题的作业（或测验）、科目，而且包括与其相关的该学期所选修所有课程科目总分的做法可以理解为"加重处罚"。

通常美国大学对违纪情节轻重的处分力度也有所不同。例如杜克大学福库商学院（Fuqua school at Duke University）就设置了"轻微"、"适度"以及"严重"三个不同标准。（1）作弊。①轻微处分：学院正式警告，建议课程或作业失败。②适度处分：停学一个学期。③严重处分：停学不少于一个学期或者开除。（2）偷窃。①轻微处分：赔偿。②适度处分：赔偿并且停学一个学期。③严重处分：赔偿并且停学不少

---

① 李文凯. 美国高校学术诚信教育及启示［N］. 中国教育报，2003 – 12 – 20.

于一个学期，或者开除。（3）撒谎。靠撒谎获得不公平的学术优势将被视为作弊。靠撒谎获得不公平的求职优势，将受到下述处分。①轻微处分：禁止与求职公司面试。②适度处分：取消杜克大学福库商学院所提供的所有公司面试特权并且停学一个学期。③严重处分：取消杜克大学福库商学院所提供的所有公司面试特权并且停学不少于一个学期或者开除。

教育部在《普通高等学校学生管理规定》（以下简称《规定》）第18条第2款规定："学生严重违反考核纪律或者作弊的，该课程考核成绩记为无效，并应视其违纪或者作弊情节，给予相应的纪律处分。给予警告、严重警告、记过及留校察看处分的，经教育表现较好，可以对该课程给予补考或者重修机会。"可见，依据《规定》，中国学生违反考试纪律，并不影响该学生本学期其他课程的成绩，就存在作弊科目而言，只要有悔改的表示，依据《规定》就可以补考或者重修。因此，某些学生对作弊被抓并不十分害怕，原因在于处分的力度太轻。所以，借鉴美国高校的管理方式，对作弊学生加重处罚是必要的。

八、要督促学生互相监督学术不端的违纪行为

严格监督是美国高校管理学术不端违纪行为的又一特点，具体措施包括三个方面：一是在新生入学时签署荣誉守则时，守则明确要求学生发现作弊等学术不端或其他违纪事件要立即向学校或负责的老师举报。二是要求学生在考试或向老师提交的作业上签署诚信声明，例如上海交大密西根学院就要求学生每次考试和提交作业都需要签署诚信声明，而声明中包含没有隐瞒他人学术不端或违纪行为的内容。三是规定具体处分措施。例如杜克大学福库商学院明文规定，明知他人有学术不端等违纪行为而不向学校报告者属于从犯，同样会受到纪律追究。①

　　督促同学之间对学术不端等违纪行为相互监督，可使校园中每个人都对学生和学校的声誉负责，而不是因为自己没有违纪，就可以置身事外。再者，也是防止出现"破窗现象"的有效方式。因为当一个学生发现另一个同学因为作弊而没有被处分，反而不劳而获，取得好成绩，甚至拿到奖学金，难免会产生仿效的心理。久而久之，总有同学忍耐不住，结果一个作弊诱导又一个作弊现象的出现。②

第三节　美国哈佛大学学生社区生活纪律规范及启示

　　国外高校对学术诚信外其他社区生活纪律规范均有要求，有的比较详细具体，有的则比较简单明了，例如由哈佛文理学院所制定的《校园行为守则》就属于后者。

一、哈佛文理学院大学生社区生活纪律规范

　　哈佛文理学院所制定的规章制度对保护校区每个学生幸福健康地成长具有指导性作用。违反学校规章制度，无论什么时候，学校都会严肃处理，因为他们干扰了同学们的学习生活。该规章制度无法穷尽所有的不端行为或者对学生行为标准逐一列举，因为所设定的标准必须经过严

---

①　Failure to Report：Failing to report a violation will be treated as an accessory to the unreported violation. （《杜克大学福库商学院荣誉守则》）

②　张志诚. 浅析学校生活中的破窗现象与对策［J］. 教育情报参考，2009（10）：25–26.

格审查，以使同学们遵守和执行。学校提示同学们，学校不是不端行为的庇护所，同学们的行为必将受到现行美国联邦和地方法律法规的约束。

（一）身体伤害

哈佛大学致力于为社区的每个成员构建一个安全的环境，不允许有针对他人的肢体暴力和暴力恐吓行为的存在。希望同学们避免发生肢体冲突、对抗或争吵，除非他们自己或他人的安全处于极度危险之中。反之，则将受到纪律处分，这种处分不限于要求违纪者退学。

（二）诚实守信

学院希望每个同学都能以真诚的态度与同学们交往。如果确是学校官方所提出的问题，同学们应当做出真实回答，反之将面临纪律处分，包括但不限于要求该学生退学。学校要求学生们尊重公有和私有财产，偷盗、挪用、未经权利人授权的使用，损坏非本人的财产或资料的行为都将受到纪律处分，当然包括要求该学生从学校退学。

（三）禁止不当性行为

哈佛文理学院性骚扰和基于性别的骚扰政策源自哈佛大学既有政策，并援用哈佛大学处理程序，包括学生纪律。被列入纪律处分的，包括各种形式的性骚扰、不当性行为。性暴力，包括强奸、性侵、家庭和约会暴力等均属于学校所认定的性骚扰行为。强奸和暴力猥亵在马萨诸塞州属于重大刑事犯罪，如果任何学生遭遇此类事件，我们强烈建议，立即到汉普顿大学警察局或当地警察局报案。学校的争议处理办公室是学生们的正式投诉机构，对性暴力事件，同学们可以向办公室投诉。不论申诉人是否选择提出刑事指控，学校都将为那些选择投诉或刑事指控，或既要投诉又要提出指控的学生提供关于个人情感、法律以及管理方面的咨询和帮助。

（四）禁止毒品和酒精

不论学生还是学校雇佣人员，凡是在哈佛或以哈佛名义举办活动，持有、使用、销售不法药物和酒精都是违反学校纪律的行为，当然也是违法行为。持有、使用或销售某些非处方药，包括大麻、安非他命、海洛因、可卡因、非处方合成药物以及向21周岁以下青少年销售、提供酒精的行为都违反哈佛大学纪律，同时也属于违法行为。虽然马萨诸塞州法律允许21岁以上成年人在某种情形下吸食大麻，但联邦法律禁止持有、使用或销售大麻，即便是出于医疗目的，在哈佛或以哈佛名义举办的活动中也是不允许的。总之，即便按照马萨诸塞州法律，虽然允许持有或使用大麻，但哈佛校园不允许。此外，哈佛文理学院的规章制度基于对大学生们对高危饮酒行为的关注，对学生们提出更高要求，要求同学们不能拼酒狂饮，因为这对同学们的身体健康将造成不良影响。①

哈佛大学提醒学校雇员和学生们，使用或销售非法毒品或向他人提供或销售酒精，此外，包括滥用非处方药也是违反哈佛大学规章制度的行为，行为人要对其行为负责。哈佛文理学院所在城市马萨诸塞州的剑桥市以及美国联邦法律对饮酒的禁令如下：①禁止向21周岁以下的青

---

① Rape and indecent assault and battery are felonies in the Commonwealth of Massachusetts, and any student who believes that they have suffered a rape or indecent assault and battery is strongly encouraged to report the incident to the HUPD immediately or the local police where the alleged incident occurred. Students who wish to report an allegation of sexual violence may also choose to initiate a formal complaint with the Office for Dispute Resolution. Formal complaints within the University may be pursued whether or not a complainant chooses to file criminal charges. Counseling and consultations regarding emotional, legal, and administrative concerns are available to those students who wish to pursue either University or criminal charges, or both. Standards of Conduct in the Harvard Community.

年人出售、交付或提供酒精。②禁止 21 岁以下的青年人持有或运输酒精饮料。③饮酒的嘉宾如果在社交场所自伤或伤害第三人，那么社交场所的东道主将对此负责。④禁止通过涂抹身份证明等方式故意谎报或篡改年龄，意图购买酒精饮料。⑤对持有或销售违禁毒品，销售、交付酒精，帮助 21 周岁以下的青年人获取酒精者将进行严厉的处罚，其中包括监禁。① 禁止在公共建筑物内，或公众开放的场所饮酒。

二、哈佛等美国名校学生生活纪律规制的主要特点

（一）大学生社区生活纪律要有别于中小学生

大学生们绝大多数属于成年人，不能再沿用对待未成年人，也就是中小学学生的生活纪律规则来要求大学生。反之，若用中小学学生行为规范来约束大学生，那么大学生在规则上会被视为高中四年、高中五年或

---

① The unlawful possession, use, or distribution of illicit drugs and alcohol by students and employees on Harvard property or as a part of any Harvard activity are violations of University rules as well as the law. Possession, use, or distribution of certain non – prescription drugs, including marijuana, amphetamines, heroin, cocaine, and non – prescription synthetics; procurement or distribution of alcohol by anyone under 21 years of age; and provision of alcohol to anyone under 21 years of age are violations of the law and of Harvard policy. Although Massachusetts law now permits adults aged 21 or older to possess and consume marijuana under certain circumstances, federal law prohibits the possession, use, or distribution of marijuana, including for medical purposes, on Harvard property or as part of a Harvard activity. Thus, even if possession or use of marijuana would be permitted under Massachusetts law, it remains prohibited on campus. College policies and procedures also reflect additional expectations for student conduct based on the College's concerns about high – risk drinking behaviors, such as binge drinking and the rapid or competitive consumption of alcohol, and their many adverse consequences for students' health and lives. All students. Standards of Conduct in the Harvard Community. （《哈佛社区行为标准》）

高中六年等长不大的学生，不利于大学生的心理健康。①

（二）大学生社区生活纪律无法覆盖方方面面

大学生社区生活纪律规范不可能覆盖方方面面，因为大学生们违反生活纪律的方式和种类难以预料，需要根据违纪的影响、主观故意或过失等具体情节做出处分决定。美国杜克大学福库学院对学生违纪行为设定"轻微"、"适当"以及"严重"三个等级标准，美国斯坦福大学参考以前案例以及美国加州大学戴维斯分校由学校与学生签署违纪处分协议书等方式为中国高校对违纪学生进行处分提供了参考。

（三）大学生社区生活纪律应当比法律更加严格

大学生社区生活纪律规范的严格程度可以超越地方法律法规。哈佛文理学院所在城市马萨诸塞州的地方法规允许当地居民消费大麻。即便如此，哈佛大学文理学院严禁学生将大麻及其制品带入校园，否则追究其违纪责任。中国大学生们有一种理论观点，即校纪校规不能与法律法规相互矛盾，既然法律法规未严格禁止，那么也无所谓严重违纪。其实，这种观点是错误的，为了大学生们身心健康，即便是法律法规没有严格禁止的行为，校纪校规也可设定为严重违纪行为。例如将槟榔带入校园等行为，应依据校纪校规严格禁止。有医学专家指出，早在2003年，世界卫生组织就已将槟榔认定为一级致癌物。嚼食槟榔不仅是口腔癌的病因，而且与口腔黏膜下纤维化、口腔黏膜白斑和牙周炎等口腔疾病密切相关，在口腔医疗界，既是共识，也是真相。然而，大部分民众

---

① 美国中学的学制和中国的学制有所不同，但学习年限和中国又是一致的，都是12年制教育。在美国一半以上的州都采用三四制或四四制。这种学制下，中学总共为7年的，初中就为6~8年级，高中就为9~12年级；中学总共8年的，初中就为5~8年级，高中就为9~12年级。

对槟榔的严重危害还没有充分认知。由于槟榔纤维的摩擦造成口腔黏膜局部损伤，且槟榔含大量具有细胞毒性的槟榔碱，很多嚼食槟榔者会出现口腔黏膜纤维化，临床表现为口腔有烧灼感，尤其在进食刺激性食物时更为明显。这些患者早期可发生口腔黏膜疱，破溃后形成溃疡。有的有自发痛、口干、味觉减退。后期可出现张口受限、言语及吞咽困难。如果继续任由槟榔刺激与侵害，最终就会导致口腔癌的发生。一旦因嚼食槟榔患上口腔癌，患者的 5 年生存率仅约为 50%，即使手术成功，口腔颌面部外形和功能也会遭受严重损害。①我国某些高校在校园内食用槟榔及其制品的现象非常严重，在国家没有严格禁止种植、消费槟榔前，尤其是槟榔食用量大的地区的高校应依校纪校规严厉禁止槟榔消费，确保高校学生们的身心健康。

（四）对性侵犯和不当行为的校园风气应采取积极的应对措施

据美国大学协会（Association of American Universities，AAU）2019年发布的《关于性侵犯和不当行为的校园风气调查报告》（Campus Climate Survey on Sexual Assault and Misconduct）表明，在参与研究的 33 所美国大学或学院的 181752 位学生中，13% 的学生曾经受到非自愿性接触，其中女性和跨性别者、无性别者等群体比例远高于男性。在其中 21 所高校中，26.4% 的女性本科生和 23.1% 的跨性别、无性别等少数群体曾遭遇过非自愿性接触。报告表明，大学生对性侵犯和性行为不检的知识在近几年中有所增加，非自愿的性接触比例也在相应增长。即便在世界名校哈佛大学和斯坦福大学，性骚扰情况也很严重。对此，美国大学，尤其哈佛大学、斯坦福大学等高校均采取了积极的应对措施。1.

---

① 陈志远，王恺凝，唐智峰，等．"向吃槟榔说不"系列报道 [EB/OL]．中国记协网，2019 - 06 - 25.

哈佛大学。哈佛大学宣布，该校正修改长期以来处理性侵犯和性骚扰指控报告的方法，将成立一个专门办公室对此类案件的调查指控集中处理。面对解决此类问题的压力，哈佛大学的举措可谓领先美国其他高校。哈佛大学官员们说，哈佛大学首次将在全校 13 个学院采取统一规则，以便对性侵犯和性骚扰的指控做出一致回应。传统上，哈佛大学给每一个学院对这种案件的调查有自治权。哈佛校长德鲁·福斯特先生说，新的政策将在今年秋天看到成效，这项政策将极大地提升哈佛大学应对这些事件的能力。① 2. 斯坦福大学。美国大学协会 2019 年的调查表明，38.5% 的本科女生在斯坦福大学为期四年或更长的学习期间遭遇到非自愿性接触。更有甚者，21% 左右的斯坦福学生因受到某种形式的性骚扰进而影响其学术、职业或社会生活。② 斯坦福大学波斯·德雷尔教务长要求改变学校的文化氛围，加强对校园性暴力的打击力度，她鼓励学生利用在斯坦福大学学习到的培训技能应对所遭遇到的性暴力。她支持很多同学提出的向所有本科生提供年度性强制性培训的建议。③ 3. 加州大学。④ 加州大学校长纳波利塔诺女士称："2014 年，我宣布成立一个拥有 29 名成员的'防止和应对性暴力和性攻击'的机构，这个机

---

① ROCHELEAU M. Harvard University is Changing the Way It Handles Reports of Sexual Assaults and Harassment. ［EB/OL］. Bostonglohe，2014－07－02.

② Stanford Provost Calls for Cultural Change in Combating on－Campus Sexual Violence ［EB/OL］. 新华网，2020－01－25.

③ Stanford Provost Calls for Cultural Change in Combating on－Campus Sexual Violence ［EB/OL］. 新华网，2020－01－25.

④ 百度百科：加利福尼亚大学（University of California，简称 UC），又称加州大学，是位于美国加利福尼亚州的一个由 10 所公立大学组成的大学行政系统，是世界上最具影响力的公立大学系统，也是最大的大学联邦体，其旗下大学在各项学术指标和排名中均名列前茅，加州校区各自作为独立的大学存在而又紧密联系，并没有所谓的"主校区"，共同组成了享誉全球的加州大学，包括加州大学伯克利分校（UC Berkeley）、加州大学洛杉矶分校（UCLA）、加州大学圣地亚哥分校（UCSD）等。

构在运行两年期间，在加州大学系统内进行改革，以强化办案流程，提高整个系统的透明度和一致性。这些改革包括对学生进行强制性教育和培训，为受侵害者提供保密性支持；为举报性暴力的人提供帮助……我们必须追究侵害者的责任，并使之受到相应的制裁。"①

三、哈佛等美国名校学生生活纪律规制的启示

2019 年《关于性侵犯和不当行为的校园风气调查报告》发表后，美国哈佛、斯坦福以及加州等大学积极采取应对措施，以遏制美国大学校园性侵犯和不当行为，在全校各个学院或大学系统各个校区内制定统一应对规则，以及向所有本科生提供年度性强制性应对性侵犯和不当行为的训练，成为上述美国著名大学的共同选择。

（一）浙江大学努某某强奸案的案情经过

2019 年 2 月 22 日凌晨，被告人浙江大学大学生努某某趁被害人醉酒之际，将被害人带至杭州市西湖区三墩镇某出租房内，强吻被害人并强摸被害人阴部，意图与之发生性关系，被害人反抗并称要报警，后因努某某害怕被害人报警而中止。案发后，被害人联系被告人努某某称自己已在公安机关报案，被告人至公安机关投案并如实供述了本案事实。公诉机关认为被告人努某某是犯罪中止，且具有自首情节，被告人努某某在侦查阶段认罪认罚，司法部门建议判处有期徒刑一年六个月，可适用缓刑。对此，《浙江大学学生违纪处理办法》第 17 条，学生违反国家法律，被追究刑事责任或者受到治安处罚的，分别给予以下处分。①

---

① NAPOLITANO. We Must, and We Will, Do a Better Job in Addressing Sexual Assault [EB/OL]. 加州大学戴维斯分校官网.

被处以治安警告或治安罚款的，根据情节，给予严重警告以上处分；②被处以治安拘留的或因违法犯罪被免于刑事处罚的，给予记过以上处分；③被司法机关判处管制，拘役或独立适用附加刑的，或被判处有期徒刑被宣告缓刑的，给予留校察看或者开除学籍处分；被判处有期徒刑以上刑罚的，给予开除学籍处分。① 对于努某某的刑事犯罪，浙江大学一开始依据《浙江大学学生违纪处理办法》第 17 条第 3 款的规定，给予努某某留校察看处分，"期限 12 个月，自处分决定做出之日起计算，到期可以申请解除"。浙江大学的纪律处分公布后，一石激起千层浪，引发社会广泛的议论。丁建庭先生于 2020 年 7 月 21 在南方网②发表快评《浙江大学给强奸犯留校察看处分，合规吗？合适吗？》③

在社会舆论的强烈质疑下，浙江大学 2020 年 7 月 31 日深夜发出声明："7 月 20 日努某某事件引发网络关注后，学校立即成立专项工作组，依法依规开展调查，对来信来访和网络举报进行了认真核查和取证。工作班子分学业、经济、作风等小组开展调查取证工作，仔细查阅了有关文书和视频材料，向数十位师生（含若干举报人）了解情况，并多次与当事人当面了解、核实，对有关线索进行多方取证、核实、审议，确保调查结果真实准确、处理程序合法合规。浙江大学表示，现已查实，努某某存在多项违纪违规行为。浙江大学学生奖惩委员会根据新查证的事实，按照相关规定和程序提出给予努某某重新处分的建议。应被处分人要求，学校还进行了不利处分听证等程序。听证会上，被处分

---

① 辛文. 浙江大学通报："努某事件"已启动后续调查［EB/OL］. 中国网，2020 - 07 - 21.

② http：//news. southcn. com/nfplus/ddkp/content/2020 - 07/21/content_ 191196676. htm

③ 丁建庭. 浙江大学给强奸犯留校察看处分，合规吗？合适吗？［EB/OL］. 南方网，2020 - 07 - 21.

人对违纪事实无异议。经浙江大学校务会议慎重审议，依据《浙江大学学生违纪处理办法》相关规定，决定给予努某某开除学籍处分。浙江大学还表示，下一步将启动对《浙江大学学生违纪处理办法》等校内规定的评估修订程序。"[1]

（二）浙江大学努某某案件的教训

据美国大学协会 2019 年发布的《关于性侵犯和不当行为的校园风气调查报告》，性侵犯在美国高校校园有加速蔓延的趋势。对此，美国哈佛大学、加州大学等高校均采取将发生在各个学院的案件统一交由学校指定机构统一进行处理，这样做的好处是，统一标准，加快办案速度。同时，哈佛大学、斯坦福大学、加州大学均对在校生特别是本科生进行强制性教育，使之掌握应对此类事件的办法。我国大学性侵事件也时有发生，例如浙江大学努某某强奸案发生后，至少 9 名曾与努某某有接触的女生声称，自己在不同场合曾遭到努某某的猥亵，她们都自称与努某某通过网络结识，在相约出游后遭到侵害。[2] 人们也许会问，9 名受到性侵害的女生为何不报案？如果她们早点报案，那么努某某强奸案也许就不会发生。同样的问题，2017 年，广州性别中心根据 6592 份数据样本及上百案例发布了《中国高校大学生性骚扰状况调查》。报告显示，不论男生女生，在遭遇性骚扰后选择沉默忍耐的比例都接近半数。仅有 2.7% 的女生和 1.6% 的男生选择报告校方等管理部门；仅有 1.2% 的女生和 0.5% 的男生选择了报警。而举报成效也不尽如人意：在报告

①　张杨运. 浙江大学深夜通报：给予 2016 级本科学生努某某开除学籍处分 [EB/OL]. 搜狐，2020 – 08 – 01.

②　余宗明. 努某某是"初犯"还是"惯犯"，这点很重要 [N]. 新京报，2020 – 07 – 24.

校方的受害者中，仅有 23.7% 对处理结果感到满意；报警的受害者中，仅有 19.2% 感到满意。① 从努某某案和《中国高校大学生性骚扰状况调查》所反映的问题可以看出，我国高校目前处理性侵案件的纪律机制的标准不统一，案件处理效率不高。受害学生，特别是女生在校期间缺乏预防性侵事件的强制性教育，案发后缺乏由校方提供的支持举报和投诉救助机制。希望我国教育行政部门制定针对性的可操作性指导意见，以便国内高校参照执行。

小　结

中外高校均十分重视学生的考试纪律、学术诚信纪律以及生活纪律。对触犯学校纪律的行为，中外高校均制定了纪律处罚措施。由于社会制度不同，中外高校对违纪学生的处罚方式不尽相同。美国高校由于有较大的办学自主权，对学生的违纪处罚因学生所在学校不同而有所差异，以哈佛大学和斯坦福大学为代表的美国名校对敢于挑战学校纪律尤其是考试纪律和学术诚信纪律的处罚都是十分严厉的。中国高校对违纪学生的处罚主要依据 2017 年 9 月教育部公布实施的《普通高等学校学生管理规定》，以及国内各高校根据教育部规定制定的高等学校学生守则。我国高校所制定的学生守则既要依法保障学生的受教育权，又要依法依规处罚学生的各种违纪行为。由于受高校学生就业率等外在因素影响，学校在学生毕业前通常会解除对违纪学生的"警告"或"严重警

---

① 李晨阳. 把高校性骚扰终结令落在实处 ［N］. 中国科学报，2019 – 12 – 25.

告"等违纪处分。因受教育部《普通高等学校学生管理规定》的规制以及依法保障学生受教育权的限制，国内高校无法轻易启动"开除学籍"等严厉处分的措施，这导致个别高校学生对我国高校纪律处罚的漠视。为严肃学校的校纪校规，特别是严肃考试纪律和学术诚信纪律，笔者在总结斯坦福大学、弗吉尼亚大学、东京大学以及以色列特拉维夫大学加强考风考纪和学术诚信纪律经验的基础上，给我国大学提出几点建议：①建立加强考风考纪和学术诚信的共识；②需要排除外来干扰；③学术诚信纪律应成为学生们的最高纪律①；④要明确学术诚信的内容；⑤要反复强调，加深印象；⑥学生们广泛参与学术诚信纪律的制定、修改及反诚信行为调查；⑦对违反学术诚信纪律的学生建立加重处罚制度；⑧要督促学生互相监督学术不端的违纪行为。

---

① 指学校应以各种方式凸显学术诚信纪律受到学校的高度重视。

第四章

推动社会诚信和高校学生学术诚信纪律建设的制度创新

第一节 社会诚信的制度创新及其对在校大学生的影响

诚实守信是中华民族的传统美德。《论语·颜渊》中的"民无信不立",意思是说,如果社会没有建立起信用机制,老百姓就无法安居乐业,社会也不可能长治久安。可见中国古人认为诚信是国家兴衰的根本。中共中央颁布的《公民道德建设实施纲要》,把公民基本道德规范集中概括为20字,"爱国守法,明礼诚信,团结友善,勤俭自强,敬业奉献"。为加强诚信教育,教育部于2009年3月专门下发《关于严肃处理高等学校学术不端行为的通知》,要求"高等学校对下列学术不端行为,必须进行严肃处理:(1)抄袭、剽窃、侵吞他人学术成果;(2)篡改他人学术成果;(3)伪造或者篡改数据、文献,捏造事实;(4)伪造注释;(5)未参加创作,在他人学术成果上署名;(6)未经他人许可,不当使用他人署名;(7)其他学术不端行为"。依据教育部《普通高等学校学生管理规定》第18条第2款,对学术不端的学生严肃处理,"学生严重违反考核纪律或者作弊的,该课程考核成绩记为无效,并应视其违纪或者作弊情节，给予相应的纪律处分"。我国高校落实教育部《规定》，抓学生学术诚信纪律，主要从考试、论文等主要环节入手。但实践表明，从考试、论文等主要环节入手抓学术诚信并没有根本遏制在校大学生、研究生的诚信危机，学生抄袭、考试作弊、学生借贷不还、与用人单位签约后肆意违约等现象依然严重。

一、法律制度创新对社会诚信和高校学生学术诚信的影响

建立诚信意识不仅是道德和纪律的要求，而且也是法定义务。因为法律对公民的失信行为，特别是拒不履行人民法院生效判决的强制力正逐渐凸显。

（一）深圳开启法律制度创新推动社会诚信建设的先河

2020 年 1 月，深圳除拥有 123.6 万个体工商户外，还有大量微商、电商、自由职业者等自我雇用的商事主体。上述主体一旦遭遇市场风险，需要以个人名义负担无限债务责任，不能获得与企业同等的破产保护，无法实现从市场退出和再生。2020 年 8 月，深圳市六届人大常委会第 44 次会议表决通过《深圳经济特区个人破产条例》（以下简称《条例》）。《条例》第 2 条规定，在深圳经济特区居住，而且参加深圳社会保险连续满三年的自然人，因生产经营、生活消费导致资产不足以清偿全部债务或者明显缺乏清偿能力的，依照本条例进行破产清算或者和解。依据《条例》第 19 条规定，自人民法院受理破产申请之日起至人民法院做出免除债务人剩余债务的裁定之日止，债务人不得有"乘坐交通工具时，选择飞机商务舱、头等舱、列车软卧、轮船二等以上舱位、G 字头高速动车组旅客列车及其他动车组列车一等以上座位"等项高档消费行为。《条例》第 20 条规定，自人民法院受理破产申请之日起至人民法院做出免除债务人剩余债务的裁定之日止，债务人不得担任上市公司、非上市公众公司和金融机构的董事、监事和高级管理人员职务，不得从事法律、行政法规禁止从事的职业。《条例》的颁布执行，使深圳诚实守信个体工商户、微商、电商、自由职业者等自我雇用的债务人，在不幸陷入债务危机时，可依法获得个人破产制度的保护，并有机会从个人债务危机中解脱出来，重新参与社会经济活动。恶意逃债或者实施破产欺诈的债务人，不仅不能通过破产逃避债务，还将依据2015年7月6日最高人民法院审判委员会第1657次会议通过的《最高人民法院关于修改〈最高人民法院关于限制被执行人高消费的若干规定〉的决定》① 等法律规定予以惩治。

（二）法律制度创新推动社会诚信建设对在校大学生的影响

根据我国《教育部　财政部关于"十二五"期间实施"高等学校本科教学质量与教学改革工程"的意见》和《教育部关于批准实施"十二五"期间"高等学校本科教学质量与教学改革工程"2012年建设项目的通知》，教育部决定实施国家级大学生创新创业训练计划。国

---

① 根据2015年7月6日最高人民法院审判委员会第1657次会议通过的《最高人民法院关于修改〈最高人民法院关于限制被执行人高消费的若干规定〉的决定》第3条，案件被执行人为自然人的，拒不履行法院判决，被采取限制消费措施后，不得有以下高消费及非生活和工作必需的消费行为：①乘坐交通工具时，选择飞机、列车软卧、轮船二等以上舱位；②在星级以上宾馆、酒店、夜总会、高尔夫球场等场所进行高消费；③购买不动产或者新建、扩建、高档装修房屋；④租赁高档写字楼、宾馆、公寓等场所办公；⑤购买非经营必需车辆；⑥旅游、度假；⑦子女就读高收费私立学校；⑧支付高额保费购买保险理财产品；⑨乘坐G字头动车组列车全部座位、其他动车组列车一等以上座位等其他非生活和工作必需的消费行为。失信被执行人违反规定进行高消费，即在星级以上宾馆、酒店、夜总会、高尔夫球场等场所进行高消费；购买不动产或者新建、扩建、高档装修房屋等行为，就算违反了规定。违反规定的人民法院可以根据情节轻重予以罚款、拘留；构成犯罪的，依法追究刑事责任。

家级大学生创新创业训练计划，简称"国创计划"，包括创新训练项目、创业训练项目和创业实践项目三类。在各级教育行政部门的宣传推动下，创新创业早已成为在校大学生学习生活的一个组成部分。

在校大学生的创新创业离不开资金和技术，也一定会存在市场竞争和商业风险。为此，笔者建议：一是将《深圳经济特区个人破产条例》作为在校大学生创新创业教育的一项必修课程；二是不允许在考风考纪及学术诚信方面存在污点或错误的在校大学生参与我国各级教育行政管理部门和各高校自行安排的大学生创新创业项目。

二、社会诚信需要社会管理制度创新

中国工程院院士钟南山在中国工程院第七次院士大会全院学术报告会上做《SARS 疫情对我国科技和政府工作的启示》的报告时说："公众对政府、公共卫生部门和媒体的共同要求是——诚实永远是上策。"[①] 2020 年 1 月 20 日晚，钟南山院士正式向公众公开武汉发生的新型冠状病毒有人传人的风险，向世界宣布疫情，及时阻止了病毒的传播。以学校尤其大学生的诚信教育推动整个社会的诚信风气是国民诚信建设的客观要求。很难想象，如果大学生都不诚信，将违约、失信、作弊当作平常之事，那么这些大学生走进公司企业、政府机关、科研院所，成为国家栋梁时就会讲诚信。2019 年 2 月，影视明星、北京大学翟天临博士论文抄袭；同年 7 月，湖南省高级人民法院政治部主任、湖南大学董岚（正厅级）博士论文抄袭。有人会问，连北京大学、湖南大学等中国的

---

① 张荔子. 中国工程院院士钟南山：诚实永远是上策［J］. 中国卫生，2004（7）：46 – 47.

双一流名校的博士论文都造假，那么中国的二本、三本院校本科、研究生论文的诚信状况如何？

（一）胡红梅案件的教训

2017 年 4 月 22 日，"中国教育报 2017 年度推动读书十大人物"在北京正式揭晓，广东省深圳市如意小学副校长胡红梅榜上有名，她是广东省唯一一位获此殊荣的教育人。在此前后，胡红梅还先后获得 2016 "阅读改变中国"十大年度点灯人、2017 中国"全人教育"候选人、2017 深圳市百姓学习之星、感动深圳教育人物等荣誉称号。[1] 然而，2020 年 3 月 6 日，深圳市龙岗区教育局的官网发布情况通报，对如意小学教师胡红梅学术不端行为进行处理，处理结果如下：①责令停止所有侵权行为；②撤销其如意小学副校长职务，调离教学岗位；③撤销"龙岗区胡红梅名师工作室"；④撤销龙岗区"先进教育工作者""优秀校长"等荣誉称号；⑤在本学年度师德师风的考核中将其定为"不合格"；⑥除此之外，对胡红梅已经获得的其他相关荣誉称号，将配合相关部门和单位按相关规定处理。胡红梅被"一撸到底"的原因是"抄袭"。对于曾经的副校长，深圳市如意小学的一位老师回忆："这几年，在胡红梅的启发下，学校从一个班阅读，到一个年级阅读，再到全校阅读，从三等奖，到二等奖，再到一等奖，每学期都不断进阶，感受到百班千人阅读带来的成功的喜悦。学校有位年轻的女老师，只要胡红梅的讲座，不管课程有多满，路有多远，一定要挤时间去听，而且每次听完，都觉得激情澎湃。"[2] 总之，同事眼里的胡红梅有热情，有组织能

---

[1] 深圳教师胡红梅获评"2017 年度全国推动读书十大人物"［EB/OL］．深圳政府在线，2018 - 04 - 23.

[2] "女神"校长抄袭史：深圳名师胡红梅的罪与罚［EB/OL］．搜狐，2020 - 03 - 05.

力，有干劲儿。但在山东省淄博市小学语文老师王爱玲眼里，胡红梅则是抄袭自己以及他人作品，且一字不改的"惯犯"。为什么胡红梅人前积极做公益，人后又大肆剽窃？胡红梅人格分裂的教训是什么？胡红梅的悲剧主要是自己导演的结果。但是为胡红梅出版"抄袭"作品的出版社，以及将胡红梅一次次送上领奖台的颁奖机构是否也应承担相应的责任？笔者认为，社会诚信不仅需要法律制度创新，而且需要社会管理制度创新。这种社会管理制度创新的核心是让那些甘于出版"抄袭"作品的出版社以及热衷于捧红一个个"假明星"的评选机构与"假作者"或"假明星"一起承担连带责任。

（二）李吉林老师的榜样作用

我们身边不论什么时候都不缺乏默默无闻、甘于奉献的人，然而这些真正的"明星"受到的关注太少了。2019 年 11 月，《人民日报》发表《让教师回到本位，让教育回归本质》的文章，提出："聚焦教师立德树人、教书育人的主责主业，让教师回到本位，让教育回归本质，广大教师就能安心从教。"选择一个从大学毕业登上讲台时起就能一眼看到尽头的中小学教师职业，在一个快速变化、充满商机的时代，对大多数优秀的年轻大学生来说确实是一个比较困难的事。当然，行行出状元，我国著名儿童教育家李吉林 1938 年出生于江苏南通市，毕业于南通女子师范学校，后一直任教于南通师范第二附属小学。数十年呕心沥血，李吉林老师从激发孩子们的学习兴趣入手，从情境教学到情境教育，再到开拓情境课程，一步一个脚印，持之以恒，成为万人敬仰的教育家。① 李吉林老师的成功在于用整个心来做教育，她在三尺讲台上向

---

① 郑晋鸣. 春蚕丝不尽蜡炬辉永恒：追记中国情境教育创始人、著名儿童教育家李吉林［N］. 光明日报，2019 - 07 - 19.

学生们展示的是敬业、爱心与执着。身教胜于言传，金杯银杯不如口碑，李吉林老师等优秀的老一辈教育家以自己的模范行为鞭策一代又一代中国青年默默奉献，用毕生心血换来桃李满天下，她的事迹广为人知，成为广大教师的榜样。

第二节　我国大学生考风考纪和学术诚信等
纪律建设存在的问题及应对策略

2017 年 9 月 1 日，修订后的我国《普通高等学校学生管理规定》（以下简称《规定》）正式颁布实行。修订后的《规定》第 51 条对原《规定》第 62 条进行了修改，将原《规定》对违反法律法规、本规定以及学校纪律行为的学生，学校应当给予批评教育，并可视情节轻重给予的纪律处分种类由 6 项减少到 5 项，即：①警告；②严重警告；③记过；④留校察看；⑤开除学籍。删除了原《规定》中的"勒令退学"的规定。笔者认为，勒令在校学生退学与开除学籍之间的区别不够清晰。在中国大学处罚违纪学生的五种方式中，"开除学籍"是最严厉的一种校纪处罚。《规定》第 52 条明确规定，学生有下列情形之一，学校可以给予开除学籍处分：①违反宪法，反对四项基本原则、破坏安定团结、扰乱社会秩序的；②触犯国家法律，构成刑事犯罪的；②受到治安管理处罚，情节严重、性质恶劣的；④代替他人或者让他人代替自己参加考试、组织作弊、使用通信设备或其他器材作弊、向他人出售考试试题或答案牟取利益，以及其他严重作弊或扰乱考试秩序行为的；⑤学位论文、公开发表的研究成果存在抄袭、篡改、伪造等学术不端行为，情节严重的，或者代写论文、买卖论文的；⑥违反本规定和学校规定，严重影响学校教育教学秩序、生活秩序和公共场所管理秩序的；⑦侵害其他个人、组织合法权益，造成严重后果的；⑧屡次违反学校规定受到纪律处分，经教育不改的。我国高校违纪学生处罚因受各自传统文化、办学理念以及所在地域等各方面因素影响存在很大差异。很多学校把制定学生纪律处分办法看作是办学自主权。处分办法能够融入和彰显学校的办学理念和校风。① 笔者认为我国高校学生纪律处分方式值得商榷之处有以下3个方面：1. 我国某些高校所制定的学生违纪处罚方法与我国现行法律法规的规定有矛盾之处。2. 各高校拥有制定学生纪律处分规定的自主权，对不同学生同一性质的违纪行为的处分尺度标准存在差异。3. 我国高校所制定的纪律处罚方法对某些违纪学生，例如个别来华留学生缺乏震慑力，我国教育行政管理部门应当允许我国高校在遵守法律法规以及教育部规定的基础上根据自身办学特点创新纪律处罚方式。

一、我国高校学生纪律处罚措施与法律法规的规定有所差异

《中华人民共和国治安管理处罚法》第44条规定，猥亵他人的、或者在公共场所故意裸露身体、情节恶劣的处五日以上十日以下拘留；猥亵智力残疾人、精神病人、不满十四周岁的人或者有其他严重情节的处十日以上十五日以下拘留。来华外国留学生在中国发生猥亵行为，通常由公安机关拘留，拘留期限到期后，由公安机关吊销学习签证，驱逐出境。我国某些高校的校纪规定与上述公安机关的处罚并不一致。例如

---

① 梁勇. 是该制定全国性高校学生纪律处分法规了［EB/OL］. 红网，2020 – 07 – 23.

依据法律规定，外籍人士被驱逐出境，五年内无法再申请入境签证。如果外国留学生违反我国治安管理处罚法的规定被驱逐出境，国内高校通常给予开除学籍的处分。但《广州某大学学生违纪处分规定》第 16 条第 1 款规定，被公安机关处以行政拘留或者被人民法院处以司法拘留的，给予记过处分。[①] 这种纪律处分显然与公安机关的处罚结果有矛盾之处。以国际视角来看，猥亵在美国和日本等国，该行为已经触犯刑法，应依据刑法定罪量刑，如果违法者是学生，自然要开除学籍。然而，在广东某大学的校纪中，被拘留者为校内记过。

二、我国高校之间学生纪律处罚标准有所不同

我国高校对考试舞弊的处理，有的是给记过处分；有的是留校察看；有的则是开除学籍。而依据《四川某大学学生违纪处分管理办法》第 28 条第 2 款，违反《中华人民共和国治安管理处罚法》等法律法规、被公安机关处罚者，视情节给予记过以上处分。[②] 依据教育部规定，违纪学生处分种类包括：①警告；②严重警告；③记过；④留校察看；⑤开除学籍五种形式。换言之，如果依据《四川某大学学生违纪处分管理办法》第 28 条，有猥亵行为发生，那么学校处分形式将是记过、留校察看或开除学籍中的一种形式，如果用百分比计算，那么最严重的处分，即"开除学籍"的可能性是 33%。可见，我国高校对"被公安机关处罚的在校学生"，特别是被公安机关行政拘留的在校生的纪律处罚标准并不一致。但事实上，就来华外国留学生因为猥亵被我国公安机关

[①] 广州大学学生违纪处分规定［EB/OL］. 广州大学学生处，2018 – 04 – 27.
[②] 四川外国语大学学生违纪处分管理办法［EB/OL］. 四川外国语大学信息公开网，2018 – 10 – 23.

拘留而言，基本上公安机关的处罚方式均为拘留，吊销签证，遣送回国。例如，2019 年发生在河北邯郸某大学的外国留学生猥亵案就是依照此种方式结案，而 2013 年发生在湖南长沙的某外国留学生强制猥亵案，则由中方检察机构依法提出检控和刑事拘留。[①] 对此，教育部颁布的《高等学校学生管理规定》明确规定，"学校应当根据本规定制定或修改学校的学生管理规定或者纪律处分规定"。

三、对制定我国高校学生纪律处罚措施的建议

（一）为强化依法治国、依法治校的理念，建议依法制定校纪校规

为使我国高校纪律处分与法律规定一致，建议我国高校在制定大学生纪律处罚条例时，对违反我国出境入境管理法、治安管理处罚法而被公安机关拘留的学校学生纪律处罚条例的内容修改为：学校的校纪处罚遵循我国公安机关等司法部门的司法建议，对违纪学生给予开除学籍等处罚。

（二）建议依法制定校纪校规时既考虑法律法规规定的主要处罚措施，又要考虑附加处罚措施

我国法律不仅对因违法行为被行政拘留者，而且对有违法行为的来华留学生依法决定警告、罚款，也可以附加适用限期出境、驱逐出境处罚。换言之，是否对某个来华外国留学生因违法行为附加驱逐出境进行法律制裁，司法机关通常会考虑个案的具体情节，例如当事人对违法行为的认错态度、社会影响等，故此存在某些不确定性。但一旦涉案留学

---

① 龚化. 留学生猥亵女子被批捕 受害女：难为情不敢喊［N］. 三湘都市报，2013 - 04 - 24.

生被限期出境、驱逐出境，五年内不准入境。① 在此情形下，被处罚学生所在学校通常只能给予取消学籍的纪律处分。

四、我国高校对违纪学生处罚方式的制度创新

（一）依法创新处罚措施，提高纪律处罚对违纪学生的震慑力

对个别高校学生，尤其是来华外国留学生而言，我国高校对违纪学生的处罚方式：①警告；②严重警告；③记过；④留校察看；⑤开除学籍，除第五种"开除学籍"外的其他四种的震慑力度是比较低的。因为在学生们看来，警告等前四项纪律处罚措施，因为学校考虑学生们的就业率，通常在同学们毕业前就会取消。对来华外国留学生来说，因为回国找工作，通常仅出示学历和学位证书，更加不在乎警告、严重警告、记过以及留校察看四项纪律处罚措施。因此，借鉴国外著名高校所制定的违纪学生的处罚方式，在遵循我国现行法律法规以及教育部关于对大学生违纪处罚规定的基础上，为提升我国高校学生违纪处罚方式的震慑力度，建议我国高校对违纪学生采取以下做法：

---

① 《中华人民共和国出境入境管理法》第62条规定，外国人有下列情形之一的，可以遣送出境：①被处限期出境，未在规定期限内离境的；②有不准入境情形的；③非法居留、非法就业的；④违反本法或者其他法律、行政法规需要遣送出境的。其他境外人员有前款所列情形之一的，可以依法遣送出境。被遣送出境的人员，自被遣送出境之日起一至五年内不准入境。《公安机关执行〈中华人民共和国治安管理处罚法〉有关问题的解释》第二条，关于涉外治安案件的办理问题。《中华人民共和国治安管理处罚法》第10条第2款规定："对违反治安管理的外国人可以附加适用限期出境、驱逐出境。"对外国人需要依法适用限期出境、驱逐出境处罚的，由承办案件的公安机关逐级上报公安部或者公安部授权的省级人民政府公安机关决定，由承办案件的公安机关执行。对外国人依法决定行政拘留的，由承办案件的县级以上（含县级，下同）公安机关决定，不再报上一级公安机关批准。对外国人依法决定警告、罚款、行政拘留，并附加适用限期出境、驱逐出境处罚的，应当在警告、罚款、行政拘留执行完毕后，再执行限期出境、驱逐出境。

1. 增加违反校纪校规学生"法律与纪律"课程的学分。如果非法学专业学生的"法律与纪律"课程是 2 学分，那么对于违反校纪校规的学生可根据违纪程度的轻重将"法律与纪律"课程的学分设定为 3 到 4 学分，不修满因违纪而增加的学分不能毕业。教育部对中国学生以及来华外国留学生加强法律与纪律课程学习有明确要求，例如 2017 年 6 月，教育部、外交部、公安部令第 42 号《学校招收和培养国际学生管理办法》（中华人民共和国教育部、中华人民共和国外交部、中华人民共和国公安部令第 42 号）第 25 条规定，高等学校应当对国际学生开展中国法律法规、校纪校规、国情校情、中华优秀传统文化和风俗习惯等方面内容的教育，帮助其尽快熟悉和适应学习、生活环境。

2. 对违反校纪校规的学生适用开除学籍但缓期执行制度

（1）开除学生的学籍一定要严格遵循法律法规以及校纪校规的规定。对违纪学生做出开除学籍等直接影响被开除学生学籍者的受教育权的决定时，应当坚持处分与教育相结合原则。对某些同学，特别是大学二年级或是大学三年级的同学们来说，开除学籍是具有较强震慑力的纪律处罚方式。2017 年 9 月起施行的教育部《普通高等学校学生管理规定》第 52 条规定了 8 项开除学生学籍的标准，学校可以给予开除学籍处分。

（2）暨南大学 2004 级硕士研究生甘露被开除学籍案件的教训。2006 年 6 月，暨南大学学生违纪处理委员会召开会议，决定给予因考试作弊的暨南大学 2004 级硕士研究生甘露开除学籍的处分。甘露被开除学籍后向广州市天河区人民法院提起行政诉讼，败诉后又向广州市中级人民法院提出上诉。两审终审后，又向广东省高级人民法院提出再审。广东省高级人民法院驳回其再审申请后，又向最高人民法院提出再审。最高人民法院依据《行政诉讼法》第 61 条第（2）项和最高人民法院《关于执行行政诉讼法若干问题的解释》第 57 条第 2 款第（2）项的规定，判决：①撤销广东省广州市中级人民法院（2007）穗中法行终字第 709 号行政判决和广州市天河区人民法院（2007）天法行初字第 62 号行政判决；②确认暨南大学暨学〔2006〕33 号《关于给予硕士研究生甘露开除学籍处分的决定》违法。① 甘露状告暨南大学一案说明，我国高校学生重视运用法律武器维护自己受教育的权利，而最高法院对此案的判决表明，高校必须依据法律法规、校纪校规处罚违纪学生，而校纪校规必须服从法律法规的规定。对违反校纪校规来华外国留学生进行违纪处分，本着"外事无小事"的原则，应该更加严格按照法律法规以及校纪校规的规定进行。广东甲高校对一名违反校纪校规的来华留学生进行处罚，被处罚后，该学生将此事报告该国驻广东领事馆，该国驻广东领事馆立即来函过问此事。甲高校将该外国留学生违纪的证据以及法律法规、校纪校规规定的内容，用中英文解释送达给该国领事馆。这起外国留学生违纪案件才得以平息。

（3）借鉴外国高校经验，创新"开除学籍"制度。为了严肃我国高校的学术诚信纪律以及高校课堂及生活秩序：一是在执行《普通高等学校学生管理规定》第 52 条第 4 款时，对于第一次在考试时"作弊或扰乱考试秩序行为的"学生，是否可以试行"开除学籍"，缓期执行的违纪处罚②；二是在执行《普通高等学校学生管理规定》第 52 条第 5

---

① 耿宝建. 高等学校校纪校规不能违反上位法规定［J］. 人民司法，2013（8）：56－59.
② 缓期执行的时间长短主要根据违纪的严重性以及对违纪行为的认错态度设定，但缓期执行的时间无论如何应少于该学生在校学习的地间。例如对大学三年级学生，缓期执行时间不能超过一年。

款时，对于学生提交的学位论文或公开发表的研究成果存在抄袭、篡改、伪造等学术不端行为，首次违反学术诚信纪律者，是否可以试行"开除学籍"，缓期执行的违纪处罚。笔者的建议主要是针对加强我国高校学生考风考纪以及学术诚信建设而提出的。在执行《普通高等学校学生管理规定》第 52 条第 4 款和第 5 款时，动用开除学籍这一严厉的处罚手段，按照《普通高等学校学生管理规定》第 52 条的规定均需满足"严重"或"情节严重"等条件。在执行纪律过程中，何谓"严重"或"情节严重"，标准不一，尺度难以把握。个别同学对违反考风考纪以及学术诚信纪律的严重性缺乏足够认识，甚至个别老师也站在违纪学生的立场上，认为不严重，不符合"开除学籍"的条件。为彻底打消学生违反"考风考纪以及学术诚信"的"侥幸"心理，高校纪律执行机构必须将"丑话"说在前面，对于首次违反考风考纪以及学术诚信的大学生试行"开除学籍缓期执行"的纪律处罚。我国高校在试行"开除学籍缓期执行"纪律处分时应当设定一些例外条件，例如对于"首次违反考风考纪以及学术诚信的学生"，在事实和证据面前，违纪学生拒绝认错道歉者，不再适用"开除学籍缓期执行"，而适用"立即开除学籍"的纪律处罚。笔者希望类似上述"开除学籍缓期执行"的纪律规定，由国内各所高校根据本校的具体情况设定。

（二）建立"黑名单"制度，堵塞高校招生漏洞

据《新京报》等多家国内媒体报道，2013 年，非洲某国学生甲从北京一所著名高校硕士研究生毕业后进入清华大学攻读博士学位，在清华读博期间，甲与北京胡女士建立恋爱关系，先后以支付学费、出国参加国际会议等各种名义诈骗胡女士数百万元人民币，与此同时，甲的已

婚妻子正在生育孩子。① 这则新闻引发国内外读者的广泛关注，很多读者在网上留言，讽刺其中国女友的低智商。笔者则非常关注该外国留学生在北京某大学读硕士研究生时的表现。甲同学的案例虽然只是极少数人的行为，但是这个极端案例所反映出的问题必须重视。这个问题是：该外国留学生在北京读硕士研究生期间是否存在违纪违法的劣迹？如果有劣迹，该学生在申请清华大学博士研究生时是否能够如实反映在申请材料上？笔者认为，如果按照我国目前来华外国留学生的招收制度，难以发现其过去经历中的违纪违法问题，因为我国高校来华留学生招生部门能够看到的该外国留学生的材料只有该外国留学生在前一阶段学习期间的成绩单、毕业证书、HSK 成绩以及两份教授推荐信。只要写推荐信的教授不了解该学生的违纪违法情况，或虽然了解但出于某种原因不愿在推荐信中提及该学生的违纪违法情况，那么招收该外国留学生的高校便无从了解申请人的真实情况。有鉴于此，笔者建议设立黑名单制度，对在中国各级学校学习的中外学生一视同仁，只要该学生在学习期间因诈骗他人财物、猥亵或吸毒等行为被公安机关依法进行警告或其他形式的行政处罚，均应在我国教育行政管理机关备案，以便招生部门核查。

笔者想强调黑名单的作用。

1. 建立黑名单，有助于我国高校堵塞招生时对申请材料审查的漏洞。甲博士生头顶清华博士光环骗钱骗色不仅严重侵犯了他人人身及财产权益，也损害了我国著名大学的国际形象。建立黑名单制度，将有助于我国高校堵塞招生时对申请材料审查的漏洞。

---

① 王巍. 骗女友600余万 外国留学生获刑14年［N］. 新京报，2018 – 07 – 03.

2. 国际国内学生一律平等。黑名单的对象是国内或国际严重违法违纪的学生，没有国籍上的差别待遇。例如浙江大学努某某在 2020 年 7 月被判强奸罪之前，有过多次猥亵行为，该中国学生的名字应列入招生黑名单。

3. 黑名单属于一种有限的治安处罚信息共享制度。因违反我国治安处罚法被当地公安机关处以警告、罚款以及行政拘留等行政处罚者都会收到《行政处罚通知书》，我国公安机关也会对被处罚者进行备案。进入"黑名单"者应是学习期间因诈骗他人财物、猥亵或吸毒等行为被公安机关处罚过。笔者认为，"黑名单"不包括因开车闯红灯等非故意侵犯他人人身权或财产权的原因被我国公安机关依法处以警告等行政处罚的中外学生。

小 结

2020 年 8 月，深圳市六届人大常委会第 44 次会议表决通过《深圳经济特区个人破产条例》，尝试以法律制度创新方式推动社会诚信制度建设。大学生是社会的组成部分，大学生学术诚信以及考风考纪建设同样需要纪律制度的创新。本章在剖析了我国大学对违纪学生所实行的违纪处分措施现状的基础上，研究借鉴斯坦福大学、弗吉尼亚大学、东京大学以及以色列特拉维夫大学加强考风考纪和学术诚信纪律建设的经验，提出我国大学纪律处罚措施的某些创新设想，例如对违纪学生增加"法律与纪律"课程的学分、对违纪学生实行开除学籍缓期执行，等等。

第五章

中外高校学生道德规范的特殊性与共同性

社会规范可分为成文的和不成文的两类。在中国，风俗习惯等社会规范是不成文的；法令、条例、规章以及法律是成文的。风俗习惯是出现最早、最普遍的一种社会规范。自发的行为规范被众人反复不断地长期遵循，便成为风俗。故风俗一般都是传统的，长期存在的。它的作用是在没有外部压力的情况下实现的，主要通过模仿转化为人们的习惯行为。

第一节　中外高校学生道德规范的特殊性

道德规范是比风俗习惯高一层次的社会规范。人们对那些与社会共同生活关系较为重要的事物与行为，给予是非、善恶、公正或偏私的评价，加以褒贬，由此形成道德标准。道德具有一定的普遍性和连续性。一个国家、地区或民族，有着若干共同的道德标准，这些标准不因社会形态的变化而中断，一般是可以继承的。

一、隐私权保护

保护公民隐私权是现代文明社会共同的行为准则以及和谐社会的应有之义。对公民隐私权的保护包括道德和法律等形式，从道德角度来探讨公民隐私权的属性，能够为公民隐私权提供正当性基础和立足点，也倡导人们合理尊重他人隐私，形成良好和谐的人际关系。为加快社会治安防控体系建设，依法打击和惩治黄赌毒黑拐骗等违法犯罪活动，深圳市大力推进"雪亮工程"建设，将新安装 2 万个一类高清摄像头，改造 2 万多个一类标清摄像头，新建 2 万个动态人脸系统，在全市城中村新建 20 万套视频门禁系统，实现全系统的联网。到 2020 年，深圳一类摄像头数量将突破 10 万个，二三类摄像头 190 万个，各类摄像头多达 200 万个，分布密度居全国前列。"电子眼"即视频监控作为一项重要的安保利器，在提高破案率、保护公民生命与财产安全、提升公共安全、维护社会稳定方面确实起到重要作用，不少区域发案率明显降低，破案率大幅度提高。以手机抢夺或抢劫案件为例，2010 年以前，深圳每年发生手机抢夺或抢劫案件超过一万件，如今此类案件几近为零，其中摄像头对犯罪嫌疑人的威慑作用是不言而喻的。但问题是，市民置身于"电子眼"的密切"关注"之下，越来越频繁密集的视频监控，难免引发人们，特别是来华外国留学生的思考，如何在"电子眼"的密切监控下保护个人隐私？

1948 年《世界人权宣言》第 12 条明确规定："任何人的私生活、家庭、住宅和通信不得任意干涉，对他人的荣誉和名誉不得加以攻击。人人有权享受法律保护，以免受这种干涉或攻击。"联合国大会 1966 年通过的《公民权利和政治权利国际公约》第 17 条第 1 款规定："任何人的生活、家庭、住宅或通信不得加以任意或非法干涉，对他人的荣誉和名誉不得加以非法攻击。"这两个公约从公民基本人权和保护人的尊严的角度明确规定了公民的隐私权利，具有广泛的指导意义。根据这两个公约，不少国家和区域性组织通过宪法、法律或者公约保护公民的隐私权利。

（一）西方国家隐私权保护现状

隐私权的概念肇始于美国，1890 年美国学者沃伦（Warren）和布兰代斯（Brandeis）在《哈佛法律评论》上发表《论隐私权》的论文，被认为第一次提出隐私权保护的法律问题。为了保障个人隐私不受国家权力的侵害，美国联邦最高法院创设了宪法上的隐私权（Constitutional Privacy），将隐私权提升到受宪法保护的高度。美国联邦最高法院以宪法第 14 条修正案所规定的正当程序（尤其是实质正当程序，Substantive Due Process）及平等保护原则作为隐私权保护的基础，据以认定个人的何种隐私区域系受宪法保障的基本权利，强调隐私权涉及人的尊严、自由价值，认定其应受保障的范围包括生育自主、家庭自主、个人自主及信息隐私四类。可见，美国法律上的隐私权，其保护范围相当广泛，不仅涵盖姓名、肖像等具体人格利益，更延伸至自由、尊严等一般人格利益。[1] 英国隐私权不作为一项独立的人格权，其附属于肖像权、名誉权等权利，因此其法律保护有别于美国法律。

法国法院在实践中，依据法国《民法典》第 1382 条规定，任何人若因自己的过错使他人蒙受损害，即负有赔偿责任，而将发布他人信件、传播他人私事、未经许可使用他人姓名等行为视为有过错的行为。

---

[1] 王毅纯. 论隐私权保护范围的界定［J］. 苏州大学学报（法学版），2016（2）：89－102.

在其 1970 年增补的法国《民法典》第 9 条规定，"每个人均可以享有私生活获得尊重的权利"，即认可公民享有隐私权，并规定了法律救济的方法。日本现行宪法中，未对隐私权有任何明文规定，日本法律保障通信秘密、住宅不受侵入……个别领域作出隐私权保障的范围。①

（二）我国政府对个人隐私权的保护

西方社会为了尊重别人的隐私，交往中十分自觉地做到"七不问"，即不问年龄，不问婚姻，不问收入，不问地址，不问职业，不问经历，不问信仰，因为这些都属于个人隐私。中国权威的综合性辞书《辞海》（1979 年版）对隐私表述为，不愿告诉他人或不愿公开的个人的事。② 可见，直到 20 世纪 80 年代，中国社会对个人隐私权法律保护的意识还较弱。改革开放后，随着中国私人财富的迅速增加以及人口的大规模流动和私人各种层次交往的增加，中国民众对个人隐私的保护越来越重视，历时数年的《中华人民共和国民法典》在制定过程中，扩大个人隐私保护范围一直是一个热点法律问题，最终《中华人民共和国民法典》将隐私定义为，隐私是自然人的私人生活安宁和不愿为他人知晓的私密空间、私密活动、私密信息。③ 隐私权通常可以理解为自然人不愿为他人知晓的私密空间、私密性活动以及"电话号码、通信地址、电子邮箱地址""行踪信息"等私密信息，不被侵入、不被打扰

---

① 李晓蕊. 浅析国外隐私权法律保护制度［EB/OL］. 中国法院网，2013 – 01 – 31.
② 胡平. 隐私·道德［J］. 啄木鸟，2003（6）：150 – 153.
③ 张维炜. 百姓关心的这些事，民法典草案都有回应［J］. 中国人大，2020（1）：3 – 10.

和曝光的权利。① 但是遍布大街小巷的摄像头，以及应用越发广泛的人脸识别等现代信息技术确实将整个社会变得越发透明，想隐匿自己的私人信息、行踪变得越来越困难。

（三）我国政府依法加强对私人隐私权的道德保护

1. 中国个人隐私法律保护现状。我国目前对隐私权保护的法律规定：（1）《中华人民共和国民法典》第 1032 条，明确规定自然人享有隐私权，并对隐私权的内容做出明确规定；（2）《中华人民共和国治安管理处罚法》第 42 条第 6 款："有偷窥、偷拍、窃听、散布他人隐私行为的，处 5 日以下拘留或者 500 元以下罚款，情节较重的，处 5 日以上10 日以下拘留，可以并处 500 元以下罚款。"被侵权人既可以依据《中华人民共和国民法典》的规定向法院起诉，也可以报警，寻求公安机关的帮助。从警察执法角度看，并不是所有的偷窥、偷拍、窃听行为都适用这条法规，受到治安处罚。依据《中华人民共和国治安管理处罚法》第 42 条第 6 款，警方处罚的是偷窥、偷拍、窃听、散布的必须是他人的隐私，隐私是属于个人所有的秘密信息。例如，游人一边走一边

---

① 《中华人民共和国民法典》第 1032 条规定，自然人享有隐私权。任何组织或者个人不得以刺探、侵扰、泄露、公开等方式侵害他人的隐私权。隐私是自然人的私人生活安宁和不愿为他人知晓的私密空间、私密活动、私密信息。第 1033 条规定，除法律另有规定或者权利人明确同意外，任何组织或者个人不得实施下列行为：①以电话、短信、即时通信工具、电子邮件、传单等方式侵扰他人的私人生活安宁；②进入、拍摄、窥视他人的住宅、宾馆房间等私密空间；③拍摄、窥视、窃听、公开他人的私密活动；④拍摄、窥视他人身体的私密部位；⑤处理他人的私密信息；⑥以其他方式侵害他人的隐私权。第 1034 条规定，自然人的个人信息受法律保护。个人信息是以电子或者其他方式记录的能够单独或者与其他信息结合识别特定自然人的各种信息，包括自然人的姓名、出生日期、身份证件号码、生物识别信息、住址、电话号码、电子邮箱、健康信息、行踪信息等。个人信息中的私密信息，适用有关隐私权的规定；没有规定的，适用有关个人信息保护的规定。

录像，这种行为本身是一种记录手法，属于个人在公共场所合理的行为自由，并不会对他人的肖像以及隐私构成侵权；然而倘若对某个人的肖像进行截取，并突出其身体某个部位，又将其上传至 QQ 空间、微博、微信等公众可以广泛传播的载体时，如未经被拍摄人同意，则涉嫌对他人肖像权的侵犯，如果泄露他人信息的，则涉嫌侵犯他人隐私。① 又如校园里的女生宿舍，如果正好面对男生宿舍，如果有男生在自己宿舍阳台上用手机拍摄女生宿舍，这种行为是否属于侵犯他人隐私的行为？如果镜头没有拍摄室内女生或其私人物品，更没有将其上传至 QQ 空间、微博、微信等公众可以广泛传播的载体，是否属于侵犯他人隐私？《中华人民共和国民法典》第 1032 条第 2 款已经做出明确规定。保护个人隐私权，是道德的呼唤，是人与人之间互相尊重的前提。中国传统文化崇尚熟人社会，讲人情，小圈子是熟人社会的基本特征，但在经济全球化的冲击和洗礼下，尊重并保护他人隐私正成为能否被身边同学、朋友接受的前提。

2. 中外个人隐私保护的差异。中国现行法律对个人隐私的保护与美国、日本等西方国家存在差异。从法律上看，中国法律将隐私权保护与特定空间密切联系。①完全开放的公共空间。例如街道马路、超市、公园、广场、景区等。②半开放的公共空间。例如电梯、办公室、交通工具内。③私密的空间。例如厕所、更衣室、私人住宅等。在同一栋建筑物里，会存在不同性质的空间，酒店大堂是完全开放的公共空间，而酒店房间则是完全私密的空间。在完全开放空间，作为自然人具有行为自由，只要没有对特定人跟踪拍摄，并在网络等公共平台公开，就不属

---

① 高峰，朱振辉. 我喜欢边走边拍，可有人说这是侵犯隐私 ［N］. 都市快报，2016 – 09 – 13.

于侵犯个人隐私。美国是世界上最早提出并通过法规对隐私权予以保护的国家，1974 年美国颁布《隐私法案》，1986 年颁布《电子通信隐私法案》，1988 年又制定了《电脑匹配与隐私权法》及《网上儿童隐私权保护法》。美国是世界上对个人隐私保护最为严格的国家之一，美国 29 岁的警员塞尔吉奥·涅托（Sergio Nieto）被指在过去三个多月里一直在秘密录制警察和其他办公人员的隐私视频，2019 年因偷拍同事使用洗手间等私密视频暴露而被判入狱 6 年。① 日本 47 个都道府县及一部分市、町、村都制定有《防骚扰行为条例》，骚扰行为主要包括：强行推销、偷窥、偷拍等。所谓偷拍，是指无正当理由，对他人身体全部或某部进行拍照，或将镜头朝向对方，从而使人感到羞耻和不安的行为。因此只要被拍的人感到不安，就可以报警。一位去日本旅游的中国游客，路过一所小学时，因见穿制服的小学生可爱而随手拍照，不料却被老师制止，并以侵犯隐私权和肖像权为由要求删除照片。双方争执不下，老师随即报警，最后在警察的协调下，游客删除照片方才了结。②

3.《中华人民共和国民法典》开启了我国个人隐私权保护的新篇章。与美国、日本等西方国家相比，《中华人民共和国民法典》颁布前，我国法律对私人隐私的法律保护的严格、周密程度还存在一定差距，《中华人民共和国宪法》《中华人民共和国刑法》《中华人民共和国民法通则》等根本法以及基本法均未明确提出"隐私权"的概念，个人的隐私保护在法律层面不够重视。但随着《中华人民共和国民法典》

① 丁虹．美国一警察偷拍 69 名同事更衣上厕所，被判入狱 6 年［EB/OL］．环球时报，2019 – 11 – 18.
② 袁蒙，陈建军．中国驻日本大使馆提醒中国公民日本旅游勿随意拍照［EB/OL］．人民网，2015 – 03 – 12.

的颁布执行，我国已经拉近了与美国、日本等发达国家隐私权保护的距离，开启了个人隐私权保护的新篇章。《中华人民共和国民法典》在"人格权"编中设"隐私权和个人信息保护"专章强化个人隐私权以及个人信息权的保护，体现了《民法典》与时俱进的特质，响应人民期盼的特点。

4. 个人隐私权与公共利益的矛盾冲突以及利益取舍。2020 年年初，新冠肺炎疫情暴发，面对疫情，中国政府及时采取强制民众戴口罩、进入公共场所出示健康码等措施，一方面有效阻断了新型冠状病毒在人群中的广泛传播，另一方面健康码等信息公开不可避免地也公开了人们在疫情期间的出行记录等个人隐私，凸显了公共卫生安全与个人隐私的冲突和矛盾。对此，以世界卫生组织为代表的国际机构高度赞扬中国政府以捍卫人民生命健康为第一要务的举措，但也有少数西方媒体对此采取质疑的态度。2020 年 7 月上旬，香港地区疫情再度复发，由于香港没有普及健康码，香港病毒携带者行踪及其密切接触者的查询成为难题。① 对此，香港中华厂商联合会会长吴宏斌先生认为，积极地测试和追踪密切接触者一直是内地成功控制疫情的策略关键。对人口稠密、社区传播风险高的香港来说，内地经验值得借鉴。至于害怕个人资料会经健康码外泄，未免太过虑了。首先，政府已多次澄清系统是以保障个人隐私的原则来开发，只会收集申请者的基本个人资料和核酸检测结果；再者，在保障公共卫生和公众利益的大前提下，个人资料隐私权并非绝

---

① 刘洁妍，杨牧. 香港特区政府收紧防疫措施应对疫情，香港特区政府卫生署卫生防护中心 7 月 9 日介绍，截至当日下午 4 时，香港新增 42 例新冠肺炎确诊病例，包括 34 宗本地感染个案和 8 宗输入个案。据介绍，8 日和 9 日新增的确诊个案主要涉及两家餐厅和慈云山的一处护老中心［EB/OL］. 人民网，2020 – 07 – 10.

对的权利，健康码中加入的更多为个人资料，如个人行踪以及密切接触人群，能有助于追踪病毒的传播链。依法保护人民生命健康与保护个人隐私，两者到底何者为先，要求得到国际社会的一致意见，几乎是一道难解的课题。内地坚持保护人民生命健康为前提，同时积极保障个人隐私权。①

二、女性生育权的道德保护

现行韩国《刑法》有"堕胎罪"。② 依据韩国《刑法》第 269 条 1 款，通过药物或其他方式进行堕胎，将处以 1 年以下有期徒刑或 200 万韩元（约合人民币 1.2 万元）以下罚款。韩国《刑法》第 270 条 1 款则规定，帮助孕妇堕胎的医师将处以 2 年以下有期徒刑。目前，韩国能够合法堕胎的情况包括产妇有遗传性精神障碍、传染性疾病、被强奸、亲属间性暴力、产妇具有健康风险等几种情况。但目前情况正发生某些变化，韩国有关部门表示，2020 年年底前，有关韩国"堕胎罪"的法律将进行修订，有关"堕胎罪"条款将被废除。尽管日本对染色体异常的胎儿也可以采取流产措施，但依法严格管制堕胎的法律规定没有任

---

① 吴宏斌. 疫情反复更显"健康码"重要［EB/OL］. 大公网，2020 - 07 - 21.
② 2019 年 4 月，韩国宪法法院针对《刑法》中"堕胎罪"的两项条款做出违宪裁定，要求立法部门对相关法律做出修改。据韩联社报道，韩国宪法法院 2019 年 4 月 11 日做出裁定，宣布制定于 1953 年、具有 66 年历史的堕胎罪违宪。宪法法院表示，怀孕初期禁止堕胎，是对孕妇自主决定权的过分侵害。

何放松迹象。① 在美国，密西西比州、俄亥俄州、佐治亚州、肯塔基州、路易斯安那州、密苏里州、犹他州、阿肯色州以及亚拉巴马州等九个州通过了反堕胎法案。

中国依法限制对胎儿性别进行选择，但没有对堕胎行为进行法律限制。堕胎在世界很多国家是法律问题，但韩国、澳大利亚以及罗马尼亚等部分欧洲国家正在放宽对堕胎行为的法律管制确是不争的现实。也就是说，韩国等一些国家正通过放宽对堕胎的法律规制，而使堕胎成为道德问题。如果将其视为道德问题，那么到底是未婚先孕不道德，是羞耻的事情，还是堕胎不道德，是羞辱的事情？现今，中国婴儿出生率已经很低，但仍然没能依法规制堕胎行为。有中国专家指出，中国人普遍对堕胎有着异乎寻常的宽容态度，甚至在一些城市中无痛人流的广告随处可见，好像无痛就是无害，天经地义。可见，相比堕胎，在中国未婚先孕似乎被更多人认为不道德。因此，面对未婚先孕且不能奉子成婚的情况时，整个社会文化导向是堕胎有理，生子遭罪。中国缺乏反堕胎文化是堕胎率居高不下的主要原因。但是，即便是基督教徒、天主教徒所在的国家没有反堕胎法律，但是堕胎行为在宗教人士看来肯定是不道德的行为，这也就是道德规范的差异化。堕胎对怀孕者以及尚未出世的婴儿都是不幸的事情，因此我们要培养青年人的责任意识，树立对自己、对伴侣、对可能出生的子女的责任感。从社会角度看，整个社会要尊重和

---

① 日本 2013 年《刑法》第 212 条规定，于妊娠中的妇女使用药物或者其他方法堕胎的，处以一年以下徒刑。213 条规定，受孕妇委托或者同意，帮助她堕胎的，处以二年以下徒刑。造成女子死伤的，处以三个月以上、五年以下徒刑。214 条规定，医生、助产师、药剂师，收到孕妇的请求或者委托后帮助她堕胎的，处以三个月以上、五年以下徒刑。造成该女子伤亡的，处以六个月以上、七年以下徒刑。215 条规定，没有得到孕妇的同意或者委托，给其堕胎的，处以六个月以上、七年以下徒刑。216 条规定，犯前款罪，造成孕妇死伤的，与故意伤害择一重罪处罚。

保护青年人特别是怀孕妇女选择的权利，不能以罚代教，塑造宽容的社会文化和法律政策环境是十分重要的。①

三、性道德问题

2007 年 10 月，韩国知名女演员玉素利被丈夫以通奸罪起诉，2008 年 10 月宪法法院判决，玉素利被判 8 个月监禁，缓期两年执行。据检察官透露，玉素利涉嫌在 2006 年 5 月至 7 月有过 3 次通奸行为。韩国原《刑法》第 241 条规定，在有明确证据的前提下，通奸罪会被判处 2 年以下监禁。2012 年，韩国宪法法院宣布废除刑法中涉及处罚通奸的法条，认为实行 60 多年的通奸罪违反宪法、侵犯公民个人权利，予以废除。2013 年，印尼对刑法进行修正，提高对通奸和婚前同居行为的刑法制裁标准。依据新修订的刑法，发生婚外情的印尼人将面临最高 5 年的有期徒刑。此前，通奸罪的刑期是 1 年以下。依据印尼司法部的解释，之前的法律不能有效遏制婚外情的发生，因此修订后的条文规定，发生婚外情的人将面临最高 5 年有期徒刑。② 1907 年，日本《刑法》（明治四十年法律第 45 号）第 183 条规定，有夫之妻通奸者，处以 2 年以下徒刑，该妇女的通奸对象处以同样刑罚。关于此罪，等候该妇女的丈夫起诉后再做处置。但是，如果该妇女的丈夫纵容此项通奸，该项起诉无效。1947 年 10 月，日本废除了刑法中原有的"通奸罪"，理由是日本战后新《宪法》确立了男女平等原则，而日本原《刑法》中通奸罪违反新《宪法》所确立的男女平等原则，因 1907 年沿用至今的日本

---

① 田丰. 控制堕胎行为要审视中国社会的文化和法律基因 [EB/OL]. 光明网，2017 - 04 - 05.

② 李锦. 地球上还有没有"通奸罪"？[N]. 潇湘晨报，2014 - 10 - 16.

《刑法》的"通奸罪"仅针对已婚妇女。从历史上看，日本社会对已婚男子与未婚女性之间的婚外情（性）长期持容忍态度，甚至有"偷情是男人的本事"，"这样的男女之情才造就出了优秀的文学作品等文化、艺术"等说法。①

可见，通奸到底是属于法律问题还是道德问题，在韩国、日本是存在争议的议题。就韩日两国法律规定看，韩国原通奸罪的主体是已婚男女的婚外性行为，而日本 1907 年刑法中通奸罪的主体是已婚妇女。如果日本已婚男子的婚外性行为不违反日本原《刑法》的规定，那么是否违反性道德？笔者认为，不违反性道德的人在日本大有人在。其主要原因是，维护关系而不是维护性关系是日本的传统。甚至有人认为，日本的婚外情，尤其是已婚男子的婚外情是日本文化的一部分。② 但是从世界范围看，世界上约 70% 的国家的民众认为，婚外性行为也就是通奸行为，严重违反道德。2020 年 7 月，中国南方某著名大学教师在上网课休息期间，10 分钟内向多名女性发送不雅言论，并将她们备注编号，从 1 到 10，其中还有孕妇。学校获悉后，在三日内发布通告，称其在线上课期间的不当行为已经构成严重教学事故，且严重违背教师职业操守和师德师风，予以解聘。

---

① 龚颖.""通奸"的出现到"通奸罪"的废止：日本婚姻伦理思想史中的一个案例 [M] //孙春晨，江畅. 中国应用伦理. 北京：金城出版社，2009：110.
② 董箐. 婚外情入侵东西方家庭 日本演员称不伦恋也是文化 [EB/OL]. 人民网，2010 – 06 – 25.

第二节　中外高校学生共同性道德规范

　　中外大学生有着不同的文化传统、宗教信仰、民族习惯和道德规范。持道德相对主义立场的学者认为，道德价值只适用于特定文化边界内，或个人选择的前后关系，否认普遍的和统一的道德价值和道德规范。大学生究竟遵循何种道德价值和道德规范，往往取决于他们各自对所处境遇的直观判断，个人特殊的、主观的喜好甚至个人的情感起着重要的作用。牛津大学人类学研究员 Oliver Scott Curry 博士曾参与一项全球规模最大、最全面的跨文化道德调查，课题组分析了全世界 60 个民族志记录，包括北美洲、南美洲，撒哈拉以南非洲、地中海沿岸，欧亚大陆东部以及太平洋岛屿。课题组发现存在 7 项共同性的道德准则：①family values（家庭观念）；②group loyalty（团体忠诚）；③reciprocity（互惠）；④bravery（勇敢）；⑤respect（尊重师长）；⑥fairness（公平）；⑦property rights（财产所有权）。课题组同时得出下述结论，违反合作的行为被公认为道德败坏，包括：①忽视亲情；②背叛伙伴；③投机取巧；④怯懦；⑤无礼；⑥不公；⑦偷盗。① 笔者认为，虽然中外大学生有着不同的文化背景、宗教信仰和民族习惯，但是作为老师还是引导外国留学生建立正确的道德价值观，这些共同的价值观应包括：①尊重所在国家的法律；②尊重公共生活的规则；③诚实守信；④尊重师

---

① CURRY O S，MULLINS D A，WHITEHOUSE H．Is It Good to Cooperate? Testing the Theory of Morality – as – Cooperation in 60 Societies［J］．Current Anthropology，2019：48 – 50．

长；⑤爱护同学等。① 对来自世界各地的外国留学生的道德教育：一是
建立共同遵守的道德标准的共识；二是勇于捍卫共同的道德标准的
底线。

一、同学间的家庭价值观

外国留学生来到中国读书，如果大家同在一个教室上课，同在一个
食堂吃饭，那么就应当秉持一家人的价值观念，家庭价值观的核心之一
是在困难面前相互扶持。2019 年 5 月的一天，在南方某高校的一间教
室，一个高个子外国男生拦住一个手持雨伞的黑人女生。男生问：这雨
伞是你的吗？女生回答：不是！男生问：在哪里拿的？女生回答：昨天
中午下课后，我最后从教室走出来，发现外面下着大暴雨，这时教室已
经没有人了，而教室门边上放着把雨伞，我等了一下，见没有人来取，
我就拿着雨伞回宿舍了，今天再拿回来，看是否有同学认领。男生不等
女生把话说完，就大声说：这雨伞是我的！昨天中午下课后，我去洗手
间，回来发现雨伞不见了，等了半个小时，大雨没有停的迹象，不得
已，我冒着大雨回宿舍，所有衣服都被淋湿了。女生说：对不起！男生
说：这不是说句对不起就完了，你必须赔偿我。女生说：可以，赔多少
钱？男生说：1200 元人民币。女生问：为什么要赔一千多元钱？男生
回答：我除了衣服、鞋子湿了，需要洗衣、洗鞋外，你还应补偿我的精
神损失。

上述事件中，女生未经男生同意而拿了男生的雨伞，导致男生衣服

---

① 赵修义. 全球化带来道德教育新挑战［EB/OL］. 中国人民政治协商会议上海市委
　员会，2001 – 09 – 14.

和鞋子被雨水淋湿，这位女生存在过错。但男生因此向她索要 1200 元的赔偿，则是恃强凌弱的无理行为。对于这起事件，不能简单地说，你们自己解决或是到法院解决，因为对于被索要 1200 元赔偿的外国女留学生自己并不具备维护自身权益的充分的法律知识。对于类似发生在校园内的纠纷，中国老师不能回避问题，而应当帮助外国留学生厘清法律关系。一、虽然外国女生错拿了男生的雨伞，但女生并无恶意，这不是偷窃行为。二、虽然男生被雨水淋湿了衣服和鞋子，但并未导致衣服鞋子的损坏，按照中国法律，更不存在精神损失问题。① 此外，从道德规范来看。男生遇到女生有困难，例如下雨时，女生没有带雨伞，男生能及时提供帮助，展示的是一种绅士风度。同时，助人也是中国的传统美德，是中国学校对学生道德规范的要求。"赠人玫瑰，手有余香"（"The roses in her hand, the flavor in mine."）是英国的一句谚语，赠人一枝玫瑰本微不足道，但它带来的温馨却会在赠花人和受花人的心底弥漫。高价向女生讨要精神赔偿，没有法律依据，违背学校所要求的道德规范，也不符合世界主流价值观。

① 《最高人民法院关于确定民事侵权精神损害赔偿责任若干问题的司法解释》（2001年 2 月 26 日最高人民法院审判委员会第 1161 次会议通过法释 2001 年第 7 号）的解释规定，自然人因下列人格权利遭受非法侵害，向人民法院起诉请求赔偿精神损害的，人民法院应当依法予以受理：（1）生命权、健康权、身体权；（2）姓名权、肖像权、名誉权、荣誉权；（3）人格尊严权、人身自由权。违反社会公共利益、社会公德侵害他人隐私或者其他人格利益，受害人以侵权为由向人民法院起诉请求赔偿精神损害的，人民法院应当依法予以受理。具有人格象征意义的特定纪念物品，因侵权行为而永久性灭失或者毁损，物品所有人以侵权为由，向人民法院起诉请求赔偿精神损害的，人民法院应当依法予以受理。

二、同学间要讲诚信

2019 年 12 月的一天，南方某大学的一个外国女留学生甲找到辅导员投诉称，班里一个外国男生乙言而无信欺骗她。甲称，2019 年 10 月的某一天，老师正在教室上课，班里的一个外国男生突然弯腰站起来，手捂肚子，说肚子痛。坐在旁边的这位女生问：你去哪里？乙回答：去医院。接着，乙对甲说：我没有带钱，借点钱给我好吗？甲毫不犹豫拿出 1000 元人民币。事后，甲问：可以还我钱吗？乙推脱说：现在没有钱，等有钱就给你。眼看要到期末，而这段时间，甲又听说向她借钱的乙又以各种理由向其他同学借钱不还，担心学校即将放假，而乙若是下学期不来学习，那么借出去的钱将永远收不回来，于是找辅导员寻求帮助。

针对这起事件，辅导员老师在调查时发现，乙在其回复甲的微信中写道：我没钱还你，你去法院告我好了。这说明，甲乙之间确实存在债权债务关系，乙向甲借钱，但没有还钱的计划。对此，辅导员老师找到乙，向他说明，诚实信用不仅是中国《民法》、《合同法》的法律规定，而且是学校所倡导的中国的传统美德。① 如果乙仍旧不还，辅导员在获得学院领导授权后，一是可以与其家长联系，将其在学校所作所为如实向家长报告；二是向中国出入境管理机构反映相关问题，请求中国出入境管理机构在批准其入境签证时考虑其在学校的表现。

可能有人会问，为什么不动员甲直接向法院起诉乙？笔者认为，面

---

① 《中华人民共和国民法典》第 7 条规定，民事主体从事民事活动，应当遵循诚信原则，秉持诚实，恪守承诺。《中华人民共和国合同法》第 6 条规定，当事人行使权利、履行义务应当遵循诚实信用原则。

对外国留学生的小额经济纠纷，寻求司法救济对甲来说费时费力，当甲想到请律师、写诉状、预交审理费等寻求司法救济所必须付出的人力物力时，很可能会放弃向乙索要 1000 元借款的想法。如果甲因为费时费力放弃自己的主张，无疑是对学生中不道德甚至是违法行为的放纵，并失去了对外国留学生进行法律与道德教育的机会。

三、尊重师长

2016 年 5 月的一天，在南方某高校，任课老师 A 在任课班级的微信群里看到一段来自中东某国的学生 B 谩骂她的文字，这让刚留校任教的女老师 A 无法接受。此事的起因是外国学生 B 不但不按时完成作业，而且在课堂上与同学说话，A 老师在全班同学面前批评了他，于是 B 同学便在微信群中谩骂 A 老师。A 老师觉得自己被学生辱骂，无法再继续上课，因此要求学院领导开除 B 同学。

尊重师长是共同性道德准则。维护老师的声誉和形象是任何教育机构的责任。在微信等公共平台谩骂和诋毁老师不仅损害了社会公德，而且也违反了学校的纪律。但是如何处理 B 同学谩骂老师的行为，学院领导持不同意见。有的领导认为，直接开除；有的领导认为，责令 B 同学写检讨书，并在全班同学面前宣读。在征求 A 老师的意见后，学校责令 B 同学写检讨书，在全班同学面前宣读，开除学籍，缓期执行一年。笔者认为，与直接开除 B 同学的做法相比，责令 B 同学写检讨书并在全班同学面前宣读，不仅维护了 A 老师的人格尊严，而且对全班乃至全院同学是一次难得的教育机会。通过对 B 同学的处分，不仅使 B 同学认识到，遵守中国社会公德、学校纪律的重要性，而且也使同班同学乃至学院全体同学深刻认识到，尊重老师、不能损坏老师形象不是一句空话。诚然，每个国家和社会有不同的尊重老师的方式，表达尊重的形式也多种多样，比如尊称、手势等，甚至连如何看别人的样子都可以用来表达是否尊重他人的意思。虽然不同的尊重方式属于不同社会的独特风俗和文化，不过它们还是包含一些共同性的准则。例如以色列的大学生其实像中国的大学生一样，都是十分敬重师长，但表现方式不同，以色列人通常不用尊称，不管是对长辈、上司或者是陌生人，以色列人都是直接称呼对方名字。在以色列本土文化方面，并不重视尊称，以色列人也没有尊称的习惯。尽管这些习惯与日韩等东亚国家不同，但辱骂和诋毁老师在任何国家都是不道德的，也是违反校纪校规的行为。

第三节　中国城市社区道德文明规范

美国哈佛大学文理学院等西方高校的社区行为规范要求在学校周边社区居住的学生不能对他人有身体伤害、要诚实守信等。从 2013 年开始，深圳市率先制定并实施《深圳经济特区文明行为条例》（以下简称《条例》），随着市民文明水平的提升，深圳对已实施 7 年的《条例》进行了重新修订，并于 2020 年 3 月开始实施新条例。深圳新颁布的《条例》与哈佛等西方高校的学生社区规范不同，前者为成千上万年龄、文化、职业不同的市民提出了行为要求，后者则是在校青年大学生的行为守则。因此，前者更加面面俱到，详细具体，而后者则突出重点，有所取舍。深圳大学是深圳第一所综合性大学，也是目前深圳在校学生最多，外国留学生最多的高校，每年有将近 2000 名来自世界 90 多个国家的学生来深圳大学学习，部分学生居住在校内外国留学生宿舍，由于外国留学生宿舍无法满足日趋增多的留学生的需要，还有一部分自己租房，居住在校外居民小区。对于深圳2020年3月实施的新《条例》，笔者对来自英、美、德等西方发达国家以及来自马来西亚、印度尼西亚、斯里兰卡等发展中国家总计20多个国家的36名来深圳大学留学的学生进行了问卷调查。就深圳目前的城市社区文明规范，外国留学生认为，深圳已经是物质文明和道德文明高度发达的城市，被视为中国特色社会主义先行示范区是理所当然的，作为大学生特别是外国留学生应当遵守所在国家的社会规范。同时新颁布的《条例》对某些不文明的角落并没有注意到。

一、应重视解决噪声对深圳公共秩序的干扰

《深圳经济特区文明行为条例》第10条规定，市民应当维护公共场所秩序，遵守下列规定：①礼貌待人，使用文明用语；②在需要安静的场所保持安静、需要等候时自觉排队；③在禁止吸烟的场所不吸烟、不劝烟；④文明观赏花卉果实，爱护公共绿地和其他景观设施；⑤依照有关提示和引导观看各种演出、比赛；⑥依照相关规定开展娱乐健身活动，避免妨碍他人；⑦遇到突发事件时，服从指挥，配合应急处置，有序疏散；⑧其他应当遵守的公共场所行为规范。据在深圳的外国留学生反映，在维护深圳公共场所秩序方面，噪声问题引人关注。外国留学生认为，与纽约、芝加哥、东京、首尔等东西方国际都市相比，中国城市噪声问题比较突出，对深圳城市形象构成了负面影响。其中，较为突出的有以下2个方面：一是汽车噪声。深圳城市私家车超过300万辆，堵车现象在所难免，而深圳与国内其他城市相比，节奏快，某些拥堵路段

司机大声鸣笛，甚至在居民小区内的路段因为交通拥堵也大声鸣笛，不仅噪声扰民，也让人感觉市民不文明、素质低。对此，有外国留学生建议深圳在汽车噪声管理方面学习西方国家的先进经验。① 例如在居民小区内的行车路段或在汽车拥堵的路段安装噪声雷达，对违反噪声管理的司机扣减其驾驶证的分数。二是电话噪声。某些乘客在深圳公共汽车或地铁上打电话，或许因为公共交通上信号不好的原因，或许习惯使然，通常是以"喊"的方式打电话，这不仅对其他乘客造成很大的噪声骚扰，而且也影响司机的安全驾驶，应列入城市噪声重点整治范畴。有外国留学生建议，深圳地铁除设有女士车厢或商务车厢外，是否可以设置手机静音车厢，在某些公交线路试行手机静音线路。

二、完善公厕系统，提高深圳环境卫生水平

《深圳经济特区文明行为条例》第 11 条规定，市民应当维护公共环境卫生，遵守下列规定：①依法依规投放生活垃圾和建筑废弃物；②自觉维护公共场所清洁，保持道路、广场、建筑物和其他公共设施整洁；③爱护公共环卫设施；④其他应当遵守的公共环境卫生规定。深圳也许是因为人多地少，土地资源紧张的原因，公厕少成为普遍现象。据家住深圳世界之窗附近的一位外国留学生反映，他每天乘 223 路公交车到深圳大学上学，时常在深南路向南海大道接驳的麒麟立交桥下见到停靠在路边的出租车，有时并排停两辆，早上上班时间，人多车少，为什么总有空车停在路边，后来同学告诉她，原来停车的地方是个视线的死

---

① 龙剑武. 巴黎首次试行雷达测噪音扰民车辆将被罚［EB/OL］. 搜狐，2019 - 07 - 29.

角，停车后，司机就在出租车左侧的草丛大小便。2020 年年底，深南路麒麟立交桥下实施整修，视线的死角已被铲除，出租车司机在立交桥下大小便的问题有望得到解决。深圳当然不是一个公厕都找不到，但主要交通干线旁边可以暂时停车，尤其暂时免费停车大小便的公厕确实难找。也有留学生反映，在深圳街道广场、购物中心等公共场所，不时有宠物狗随地大小便，也有保姆或家庭主妇为婴儿在大庭广众之下把尿把屎的恶劣现象。因此修建公厕，解决入厕难问题是提升深圳公共环境卫生水平的重点。

三、建立健全交通法规，保障深圳市民出行安全

《深圳经济特区文明行为条例》第 12 条规定，市民应当文明出行，遵守下列规定：①驾驶机动车、非机动车时遵守交通规则，礼让行人和优先通行车辆；②步行通过公共道路时遵守交通规则，在保证安全的前提下尽量快速通过；③使用公共自行车和互联网租赁汽车、自行车出行时注意交通安全，按规定停放车辆；④乘坐公共交通工具时配合司乘人员和其他管理人员工作，并主动为行动不便利的乘客让座；⑤其他应当遵守的文明出行规范。外国留学生反映：一是尽管深圳大部分城区已经实行"禁摩限电"，但仍有部分人士在禁止驾驶的区域或时间驾驶摩托车或电单车，更有甚者，不仅驾驶，而且载客；二是有个别出租车司机不在规定停靠地点停车；三是电动滑板肇事事件不时发生，希望深圳早日依法规制禁止电动滑板在人行路上行驶。

四、建立健全深圳城市及社区国际化公共服务体系

《深圳经济特区文明行为条例》第 14 条规定，市民应当维护社区

公共文明，遵守下列规定：①爱护社区公共物业和其他公用设施设备；②加强物业专有部分安全管理，自觉抵制高空抛物等危害公共安全的行为；③在进行装修装饰或者从事文化、娱乐、健身等活动时，采取有效措施，避免干扰其他居民正常生活；④依法依规饲养宠物，保持公共场所环境卫生，避免伤害、惊扰他人；⑤保持消防通道和其他公共通道畅通，爱护消防设施；⑥其他应当遵守的文明行为公约和规定。外国留学生反映，深圳作为中国特色社会主义先行示范区，社区的国际化水平需要提升，有一个来自斯里兰卡的留学生反映，他在深圳某小区租住后，想尽快办理居住登记，问辖区派出所在什么地方？但社区保安指的地方是错的。这位同学再一次找到保安，保安指的地方还是错的。他希望深圳的社区能够设立社区服务站，社区服务站应配备懂英文的社工或者志愿者，每个社区服务站对辖区派出所、医院、学校等提供公共服务的机构应当设置英文道路指引；深圳市应当设置英文求助电话，对问路、求医、报警、住宿登记进行英文解释或答疑。

五、借鉴国外先进经验，强化深圳环境保护措施

《深圳经济特区文明行为条例》第 15 条规定，市民应当保护生态环境，遵守下列规定：①节约资源，减少生活垃圾；②尽量使用环保产品，减少使用高污染、高环境风险产品；③自觉维护水生态环境，拒绝向海洋、河流、河涌、湖泊、沟渠等倾倒排泄物、污染物和废弃物；④保护野生动物，拒绝伤害、捕捉、猎杀、买卖和食用受保护的野生动物，拒绝买卖、使用非法野生动物制品；⑤其他应当遵守的保护生态环境的规定。近年，深圳在大沙河、红树湾等地水污染治理方面的成果获得市民和来深学习和旅游的国际学生的一致好评。来自毛里求斯、南非、俄罗斯等国家的外国留学生不止一次地对笔者赞美深圳的绿化成果、水污染治理成果。但跟全国其他大中城市一样，深圳生态环境方面存在的问题同样值得重视。

（一）立法禁止使用一次性塑料制品

从城市立法角度，2007 年 3 月，美国旧金山市在世界上第一次以市议会的方式通过禁止使用塑料袋的法案，该市法案规定，自 2007 年 10 月起，旧金山市各大型超市和药店等商户将不许再向顾客提供由石油产品制成的塑料袋。但循环使用塑料袋（非一次性）不在限制之列。在国内，2008 年 5 月，海南省制定并公布《海南经济特区限制生产运输销售储存使用一次性塑料制品规定》。可见，21 世纪初，以地方法规的形式禁止使用或限制使用一次性塑料袋带来的白色污染的法律法规先后在国内外出现。如今，禁止使用一次性塑料袋的国家和城市越来越多，例如德国、法国等西方国家以及卢旺达、不丹等经济相对落后的国家。深圳应尽早将立法禁止使用一次性塑料制品列入立法规划。学校尤其是深圳的高校是白色污染的重灾区，通常中午 12 点下课，大批学生拥入食堂，因在食堂拥挤，排队时间长，所以大学生们纷纷通过外卖平台点快餐，一套快餐包括塑料饭盒、塑料汤盒、塑料勺子塑料袋等 4 件一次性塑料制品，其所造成的白色污染是惊人的。不仅如此，其负面影响还包括：一是大学生在这种环境下长大，走出校门，不利于其在人生观形成的关键时期养成绿色环保的习惯；二是长期使用一次性塑料食品、饮品包装盒，不利于青少年的身体健康。商务部要求到 2020 年年底，直辖市、省会城市、计划单列市、设区的城市的商场、超市以及餐饮打包外卖服务和各类展会活动禁止使用不可降解塑料袋；到 2020 年年底，全国范围内餐饮行业禁止使用不可降解一次性塑料吸管；到

2022 年年底，全国范围内星级宾馆、酒店等场所不再主动提供一次性塑料用品。到 2025 年年底，实施范围扩大至所有宾馆、酒店、民宿。[①]一些外国留学生建议，深圳市政府为推广《深圳经济特区文明行为条例》第 15 条所倡导的环保理念，应带头响应商务部的要求，尽早以行政手段禁止一次性塑料为容器或包装物的餐饮进入深圳各级学校。同时要求深圳各级学校周边餐饮店严禁使用一次性塑料餐具、包装袋。

（二）立法禁止限制餐厅售卖烤串

深圳的烤串通常使用竹签，包括肉串、蔬菜串、丸子串等，烤制这些串串通常要酱料，包括芝麻酱、肉酱等。无论是地铁旁边的地下餐厅还是校园里的餐厅，烤串是青年人比较喜欢的食品，但是一些年轻人通常是一边走一边吃，吃完就将竹签丢在垃圾桶里，若是周边没有垃圾桶，就将竹签丢在角落里，造成环境污染。烤串带来的另一个问题是，由于边走边吃，烤串上的酱汁会落在马路上，形成污渍，成为吸引苍蝇蚊虫的场所。笔者认为，深圳应立法限制餐厅售卖烤串，即要求经营者保证消费者在店内食用烤串，不允许烤串被消费者带出店门，也不允许外卖。

小　结

我国高校历来重视培养学生高尚的道德情操。作为大学教师，面对中外大学生，培养其在学习和生活中高尚的道德情操要做到以下几点：

---

① 禁塑限塑时间表来了！商务部公布禁塑限塑阶段性任务［EB/OL］. 凤凰网，2020 - 08 - 31.

一、要以共同性道德为基础。笔者尝试用同学间发生的事情诠释同学间要有家庭价值观，同学间要讲诚信，要尊重师长。二、要理解因为国籍、民族以及宗教信仰不同而产生的道德观念的差异，并引导他们在遵守共同性道德观念基础上，接受高尚道德观念。保护个人隐私权，是道德的呼唤，是人与人之间的一项互相尊重的前提条件。但我们并不认同将个人隐私权凌驾于公共利益之上的行为和做法。即便基督教徒、天主教徒所在国家没有反堕胎法律，但是堕胎行为在宗教人士看来肯定是不道德的行为。但中国缺乏反堕胎文化，因此堕胎率居高不下。为此，需要培养青年人的责任意识，让其树立对自己、对伴侣、对可能出生的子女的责任感，这既是法律责任又是道德义务。通奸到底属于法律问题还是道德问题，在韩国、日本是存在争议的议题，从世界范围看，世界上约 70% 的国家的民众认为，婚外性行为，也就是通奸行为严重违反道德。2020 年发生在韩国的"N 号房"案件震惊国际社会，韩国有 26 万人观看，却只有两个人举报。经济发达、科技进步的韩国对公然凌辱、歧视女性的做法居然 20 多万人听之任之。如果说男女平等、尊重和保护女性权益是一种高尚道德观念，那么这种道德观念并不能完全随着物质文明的进步自然而然地得到提升，韩国"N 号房"案件就是一个例证。三、培养学生高尚的道德情操，当然不能总讲"个人隐私权保护""女性权益保护"等大道理，而是需要从身边的一点一滴做起，从培养文明的行为规范做起。2020 年新颁布的《深圳经济特区文明行为条例》为培养青年人文明的行为规范指明了方向。

第六章

中外高校学生团体综合保险

新冠肺炎疫情暴发后，国内外学生都非常关心医疗保险问题。对此，中国内地高校立即予以回应，例如浙江科技学院就在校园网发布"关于留学生保险覆盖 COVID – 19 治疗通知"。[1] 表明留学生医疗保险将承担在中国境内发生的新冠肺炎治疗费用，并将被优先处理。[2]

第一节　中外高校学生团体综合保险的性质与特点

国内高校中国学生与外国留学生医疗保险实行双轨制度，中国学生通常参加所在地的居民医疗保险，例如广东在校全日制大学生（本科生、非在职全日制研究生）均要参加广东城镇居民基本医疗保险。

---

[1]　关于留学生保险覆盖 COVID – 19 治疗通知 ［EB/OL］. 浙江科技学院留学生中心，2020 – 03 – 07.

[2]　留学保险项目组应对"新型冠状病毒肺炎"应急预案 ［EB/OL］. 深圳大学国际交流学院，2020 – 01 – 27.

一、中国内地以及香港学生团体综合保险的特点

广州市高校全日制在校学生（含非广州市户籍学生）医保费由学校代收代缴，统一办理参保缴费手续，国内学生与来华留学生保险缴费及赔付标准略有不同。

香港高校对本地学生和国际学生的医疗保险也同样实行双轨制度，例如香港科技大学团体医疗保险就将学生分成本地（香港）和外地学生。依据香港科技大学规定，2019—2020 学年秋季学期，所有新入学和继续就读的非本地全日制学位学生必须支付一定费用加入《非香港本地学生的强制性大学医疗保险计划》（Compulsory Medical Insurance）。加入该计划的在校学生，保险公司负责以下几个方面：①医疗及手术费用。保险公司付伤残学生每天最高住院费 800 港币，连续 90 天以内的住院费，最高金额为 52000 港币的综合手术费。②门诊费用。例如每名伤残学生可获最高 3000 港币的医疗诊断、X 光片及化验费，以及 350 港币的接种疫苗费。③扩大意外医疗费用。保险公司将向伤残学生提供额外意外医疗费用补偿，不论是否发生在香港境内，每位学生最高可获得 2 万港币医疗补偿，该保险补偿适用于全球 24 小时内发生的任何事故，这种医疗保险费的支出可以与学校或学生社团组织的学生活动无关。该笔医疗保险费包括中国接骨师和针灸师的治疗费，但有最高金额限制，例如每次诊疗不得超过 300 港币，每人在每起伤害事件中的诊疗费不超过 1500 港币，等等。香港科技大学通常要求学生参加《可选择性医疗保险》（Optional Medical Insurance Plan）。保险金额、保险公司

的责任与《非香港本地学生的强制性大学医疗保险计划》均有所不同。①

二、来华外国留学生团体综合保险的性质与特点

"留学生团体综合保险"是由教育部与平安保险公司协商设计，是中国第一个专为来华留学生设立的医疗保险项目。要求留学生在其求学国家购买医疗保险是绝大多数发达国家对外国留学生的通行做法。例如日本政府规定，在日本停留半年以上的留学生均须加入"国民健康保险"，此外有的学校还强制性要求外国留学生购买"学生租客综合保险"。加入日本"国民健康保险"后，外国留学生在接受治疗时通常只需负担全部费用的30%。另外，外国留学生在加入"国民健康保险"后，可以向所报到注册大学申请"外国人留学医疗补助"，由外国留学生自己负担的部分医疗费用也可以得到全额或部分补贴。

（一）外国留学生团体综合保险是强制性保险

绝大多数美国高校要求外国留学生在美国购买保险，具体操作办法也不尽相同。绝大多数美国高校强制外国留学生统一购买某一种保险，保险费随入学的学费账单一并寄出。也有某些个别美国高校学校指定某几个保险公司，学生在此范围内自行挑选购买保险，之后在学校规定时间内把保险单证明提交到留学生申请学校国际部或者保健室。根据教育部《高等学校要求外国留学生购买保险暂行规定》要求留学生在我国

---

① The Hong Kong University of Science and technology.

大陆购买保险后办理入学注册手续，是保障留学生利益的必要手段之一。①

外国留学生团体综合保险属于强制性保险，具体操作有两种主要模式：

1. 承认在中国境内购买保险的有效性。北京语言大学要求"在本国已办理保险的，报到注册时仍需购买来华人员综合保险；若已在我国大陆购买符合规定的保险，则须出示保单原件。"②

2. 不承认在中国境外购买保险的有效性。不承认的理由是，外国留学生在其本国保险公司购买的医疗保险，赔付范围各异，且该保险公司可能在其留学目的国未设代表处，可能造成理赔程序繁杂或根本无法理赔，因此不认可外国留学生在中国境外购买的保险。从新冠肺炎疫情来看，要求来华留学生购买"留学生团体综合保险"政策是正确的，据统计，我国内地医院收治一名新冠肺炎患者，平均支出医疗费用1.7万元，如果来华外国学生在境外购买保险，万一染病，境外保险公司保险责任是否覆盖新冠肺炎难以确定，况且，因部分国际航线中断，住院原始账单的寄送可能面临困难。而疫情发生后，按照我国保险公司《留学保险项目组应对"新型冠状病毒肺炎"应急预案》，不但保险公司保险责任覆盖新冠肺炎，而且为新冠肺炎患者的保险理赔开设绿色通道，切实保障患者权益。

---

① 2017年6月，教育部、外交部、公安部令第42号《学校招收和培养国际学生管理办法》第40条规定，学校实行国际学生全员保险制度。国际学生必须按照国家有关规定和学校要求投保。对未按照规定购买保险的，应限期投保，逾期不投保的，学校不予录取；对于已在学校学习的，应予退学或不予注册。

② 来华保险［EB/OL］．北京外国语大学留学生办公室，2018-01-15.

（二）来华外国留学生团体综合保险的含义

1. 留学生团体险的特点。"留学生团体综合保险"属于"团体险"和"综合险"。以某个院校外国留学生团体为保险对象，以集体名义投保并由保险人签发一份总括保险合同；而不是与每个外国留学生单独签订保险合同。"团体险"作为一种承保方式，具有手续简便以及费用相对低廉等优点。

2. 留学生综合险的特点。留学生团体综合险包含"定期寿险"以及"疾病险"所包括的部分内容。人寿险包括生育险、死亡险、生死两全险等险种。① 定期寿险专指在保险期间内，若被保险人身故或全残，则赔付保额；如果保险期满被保险人健在，则合同终止，并不返还保险费。疾病保险指被保险人因疾病、分娩引起的收入损失、费用支出或因疾病、分娩所致死亡或残疾，保险人按照保险合同规定承担给付保险金责任的保险。疾病保险的责任范围可包括：（1）工资收入损失；（2）业务利益损失；（3）医疗费用；（4）残疾补贴；（5）丧葬费及遗属生活补贴等。疾病保险一般不包括因意外伤害所致的各项损失。留学生团体综合险项下，保险公司承担外国留学生：①意外死亡以及意外伤残风险。②意外伤害或疾病住院治疗费用。③住院护理费用等。保险公

---

① 大多数国家是按业务保障对象分为财产保险、人身保险、责任保险和信用保险四个类别。其中，人身保险是以人的生命或身体为保险标的，在被保险人的生命或身体发生保险事故或保险期满时，依照保险合同的规定，由保险人向被保险人或受益人给付保险金的保险形式。人身保险包括人寿保险、伤害保险、健康保险三种。生死两全保险，指被保险人在保险期限内死亡或期满生存为条件，都可获得保险金的一种保险。投保人或被保险人交付保险费后，如果被保险人在保险有效期内死亡，向其受益人给付保险金；如果被保险人在保险期满仍生存，保险人也将向其本人给付保险金，保险人给付全数保险金后，保险合同即告终止，死亡后未到期的保险费也不再续交。

司不赔付疾病险项下，保险公司通常需要赔付的工资收入损失、业务利益损失等损失，也不赔付被保险人分娩引起的收入损失、费用支出。因为留学生作为在校学生，不可能出现工资收入、业务利益风险，在校生分娩情况也极少发生，将上述项目排除在保险公司赔付范围之外，可以通过减少承保风险，从而降低投保人的保险成本。在外国留学生团体综合保险项下，保险公司设定了最高赔付限额，即"意外死亡以及意外伤残风险"、"住院治疗费用"以及"住院护理费用"等总计不超过人民币 51 万元。

第二节　来华外国留学生团体
综合保险项下保险公司保险责任

依据平安保险公司"留学生团体综合险"保险单，保险公司在该险种项下的保险责任如下:①

一、身故保险责任

被保险人因意外伤害事故或疾病（含 SARS）死亡，平安保险公司按约定保险金额给付保险金，保险责任终止。

二、残疾保险责任

被保险人因遭受意外伤害事故，并自遭受意外伤害之日起 180 天内

---

① 平安养老保险股份有限公司来华人员综合保险保障计划简介［EB/OL］．北方工业大学国际学院，2017－01－16．

导致残疾，平安保险公司按照《平安附加残疾保障团体意外伤害保险条款》所附"残疾程度与给付比例表"的规定比例乘以约定保险金额给付保险金。被保险人不论一次或多次发生意外伤害保险事故，平安保险公司均按规定分别给付意外残疾保险金，但累计给付金额以不超过约定保险金额为限。被保险人自意外伤害事故发生并导致残疾之日起180天内由于同一原因死亡，平安保险公司只给付约定保险金额与意外残疾保险金的差额；超过180天死亡，不论是否同一原因所致，保险公司按约定保险金额给付保险金，保险责任终止。

三、意外伤害医疗保险责任

被保险人因遭受意外伤害事故，并自事故发生之日起180天内进行治疗，平安保险公司就其实际支出的合理医疗费用按100%给付意外伤害医疗保险金，累计给付金额以约定的保险金额为限。

四、住院医疗保险责任

被保险人因意外伤害事故或疾病（含SARS），经医院诊断必须住院治疗的，平安保险公司就其实际支出的护理费（限额100元/天）、床位费（限额300元/天）、手术费、药费、治疗费、化验费、放射费、检查费等合理医疗费用，按100%给付"住院医疗保险金"，累计给付金额以约定的保险金额为限。

五、团体高额医疗费用保险责任

被保险人因疾病（含SARS）或意外伤害住院治疗而导致的在保险

期间发生的合理且必要的医疗费用，以及在保险期间发生并延续至保险合同到期日后一个月内的合理且必要的住院医疗费用（包括床位费限额 300 元/天）、药费、治疗费、护理费、护工费（限额 100 元/天，累计 30 天）、检查检验费、特殊检查治疗费、救护车费和手术费，在累计超过起付线（人民币 6 万元）时，平安保险公司对起付线以上至封顶线（人民币 40 万元）的部分按 100% 给付住院医疗保险金。按照中国保险公司《留学保险项目组应对"新型冠状病毒肺炎"应急预案》的要求，留学保险项目组对已确诊感染新型冠状病毒肺炎的客户，推出以下几项人文关怀举措：①取消药品限制；②取消诊疗项目限制；③取消等待期限制；④取消免赔额、日限额、赔付比例限制；⑤7×24 小时中英文热线主动提供针对性服务；⑥开通住院垫付绿色通道及快速理赔通道；⑦为在华外籍人员提供在线中英文就医指导及疾病预防知识解释宣传等。①

第三节　来华外国留学生团体
综合保险项下保险公司免责条款

一、身故及残疾责任免除

因下列情形之一，造成被保险人身故、残疾的，本公司（中国平安保险公司，下同）不负给付保险金责任：

①　关于留学生保险覆盖 COVID - 19 治疗通知［EB/OL］. 浙江科技学院留学生中心，2020 - 03 - 07.

1. 投保人或受益人的故意行为；

2. 被保险人犯罪、吸毒、殴斗、酒醉、自残或自杀；

3. 被保险人酒后驾驶或无照驾驶；

4. 被保险人怀孕、流产或分娩；

5. 被保险人患有艾滋病或其他性病。

6. 战争、军事行动、内乱或武装叛乱；

7. 核爆炸、核辐射或核污染；

8. 专业人员参与的高风险运动及高危竞技类活动。

发生上述情形，被保险人身故的，本公司对该被保险人的保险责任终止，并在扣除手续费后退还该被保险人的未满期保险费。

二、医疗责任（意外伤害医疗、住院医疗、高额医疗费用）免除

因下列情形之一造成被保险人支出的医疗费用，本公司不负给付保险金责任：

1. 投保人、受益人对被保险人故意杀害、伤害；

2. 被保险人故意犯罪或拒捕、自杀或故意自伤；

3. 被保险人殴斗、醉酒，服用、吸食或注射毒品；

4. 被保险人酒后驾驶、无照驾驶及驾驶无有效行驶证的机动交通工具；

5. 被保险人因整容手术或其他内、外科手术导致医疗事故；

6. 被保险人因矫形、整容或康复性治疗等所支出的费用；

7. 被保险人支出的挂号费、膳食费、陪住费、取暖费、交通费等；

8. 当地社会基本医疗保险或公费医疗管理部门规定的自费项目和药品；

9. 被保险人未遵医嘱，私自服用、涂用、注射药物；

10. 战争、军事行动、暴乱或武装叛乱；

11. 核爆炸、核辐射或核污染；

12. 首次投保前的既往症、精神疾病、艾滋病、性病、先天性或遗传性疾病及其并发症；

13. 在中国大陆地区以外发生的医疗费用；

14. 被保险人怀孕、流产或分娩；

15. 普通疾病门诊医疗费用。

小　结

2019 年年底，新冠肺炎疫情的发生强化了人们的风险意识。购买保险成为大学生到学校注册报到的一项必备条件，我国高校要求来华外国留学生必须购买"留学生团体综合保险"。本章着重介绍了我国目前对来华外国留学生团体综合保险的保险公司赔付责任和免赔条款，并附录了中国平安保险公司"留学生团体综合保险"项下的"身故保险责任""残疾保险责任""意外伤害医疗保险责任""住院医疗保险责任""团体高额医疗费用保险责任"以及保险公司在特定情形下的免赔责任等。出国留学，按照学校要求购买强制性保险是一项国际通例，某些国家的高校强制性要求学生购买两到三种保险。例如日本立命馆大学对骑自行车的学生要求购买专门的自行车车辆险。①

---

① 立命馆大学规定骑自行车通学的学生需保险［EB/OL］. 出国留学网，2019－12－13.

第七章

中外高校学生人身财产安全及
反校园欺凌法律比较

第一节　出行安全应注意的问题

出行在一个人工作和学习中是不可或缺的行为，出行安全需要特别重视，尤其是在中国人口众多的大城市。外国留学生来到中国后也许还保持着对其以前生活、学习的城市，尤其是某些人口稀少的中小城市的生活习惯。但是，中国的一个城市，例如北京、上海、广州以及深圳等一线城市的城市人口也许比某些外国留学生所在国家全国人口总和还要多。中国绝大多数大城市，人口多、繁华、热闹，这些也许是外国留学生，特别是尚未步入社会的年轻族群所喜爱的。但是人多、繁华、热闹也给城市管理尤其是交通管理带来很大的压力。为防止交通意外，特别是在中国人口稠密的大中型城市，交通安全是需要特别注意的重要事项。

一、不能在人行路上踩滑板

（一）案情经过

电动滑板既是一种出行工具，也是一项很好的体育活动。但是，要提醒外国留学生的是，要到安全的地方踩滑板。汤姆是深圳大学的留学生，2015年的某一天，汤姆在深圳大学旁边深南路的人行道上踩电动滑板，不慎撞倒了一个行人，被撞倒的行人大声指责汤姆，为避免行人围观以及争吵，汤姆迅速踩滑板逃离现场。三个月后，当汤姆逐渐忘记所发生事情的时候，警察来敲他的门。喂！汤姆，有人报警，说你撞伤了他，我们找你用了三个月的时间，幸亏有监控摄像头，现在你跟我们去派出所吧。①

（二）案例分析

为防止电动滑板车撞倒行人，很多国家都依法规制电动滑板车的驾驶。例如新加坡法律规定，从2019年11月起，禁止电动滑板车在人行道上行驶。违反规定者，将处以最高2000新元（约合1474美元）罚款，或监禁三个月，或两者并罚。新加坡被公认为全球汽车保有成本最贵的国家之一，电动滑板车成为很多上班族使用的交通工具。但随着电动滑板车的广泛采用，已经造成多起伤害事故，2019年9月，一名20岁的电动滑板车驾驶者在一次撞车事故后被捕，因被撞的65岁骑自行车的老太太伤重不治死亡。② 在德国，《移动援助条例》（MobHV）所定义的电动交通工具可以在公共道路上运行。近日，德国议会对此做出修订。①电动滑板车允许在机动车道和自行车道上行驶，一般情况不得

---

① 依据《中华人民共和国治安管理处罚法》第2条规定，扰乱公共秩序，妨害公共安全，侵犯人身权利、财产权利，妨害社会管理，具有社会危害性，如果依照《中华人民共和国刑法》的规定构成犯罪的，依法追究刑事责任；尚不够刑事处罚的，由公安机关依照本法给予治安管理处罚。汤姆在人行道上踩滑板，撞伤行人并逃逸，危害了公共安全，应对此承担法律责任。
② 新加坡明起禁止电动滑板车上人行道，违者坐牢三个月 [EB/OL]. 新京报网，2019 – 11 – 04.

在人行道上行驶；只有在特殊情况下，才允许在人行道上使用电动滑板车，并且有明显的标志指示。②电动滑板车用户骑行速度不得超过20km/h，速度小于12km/h的车允许在人行道、自行车道行驶，使用者年龄要求年满12岁；速度超过12km/h的车必须在自行车道行驶，且使用者年龄须满14岁。③电动滑板车、电动滑板类产品应有刹车功能，车身配备照明灯。法国近日也出台了新修订的电动滑板车法规，其中关键的变化包括禁止多人乘坐电动滑板车，违反规定将被罚款35欧元，以及禁止电动摩托车在人行道上行驶等。与法国此前的电动滑板车使用规定相比，此次出台的新规更加细致和严格。① 英国也禁止在公共场所驾驶电动滑板车和平衡车等，违者面临300英镑的定额罚款和驾驶证被扣6分的惩罚。美国各州关于电动滑板车的规定不一致。美国加州比弗利山庄全面禁止电动滑板车；乔治州的亚特兰大市禁止电动滑板车驶入人行道；田纳西州的纳什维尔市要求电动滑板车行驶人年龄不低于18岁且拥有驾照；俄勒冈州的波特兰市则要求所有行驶人佩戴头盔。②

　　2004年修订的《中华人民共和国道路交通安全法实施条例》第74条规定，行人不得有下列行为：①在道路上使用滑板、旱冰鞋等滑行工具；②在车行道内坐卧、停留、嬉闹；③追车、抛物击车等妨碍道路交通安全的行为。从执行情况看，由于《中华人民共和国道路交通安全法实施条例》的法律层级较低，一些执法部门对此不够重视，存在对违法者执法不严的情况，例如在城市人行道上有时会看到有人使用电动

---

① 李星. "出行帮手"还是"马路杀手"，电动滑板车能上路吗？[EB/OL]. 每日经济新闻，2019－11－05.

② 新加坡明起禁止电动滑板车驶入人行道，其他国家有何规定？[EB/OL]. 新京报网，2019－11－04.

滑板车，甚至在人行天桥上有人在出售各种小商品等不法现象。因此，应当借鉴新加坡、英法等国经验，依法严格管理电动滑板车。特别是在深圳这样人口超千万的城市，为落实党中央、国务院提出的《关于支持深圳建设中国特色社会主义先行示范区的意见》，应及早进行电动滑板车的立法调研。

二、城市部分道路"禁摩限电"

（一）案情经过

2019 年 7 月 10 日，福州市公安局交警支队鼓楼大队民警在杨桥路白马路口执勤时，发现一名外籍男子驾驶电动车载人，遂上前将其拦下。但驾车男子拒不配合民警正常执法，并和民警发生冲突。随后，民警将该男子传唤至鼓楼交警大队作进一步处理。经查，该男子系福州某大学外国留学生。经批评教育，该男子认识到自身错误，并书面悔过。警方对该男子的交通违法行为依法进行了处罚，其所在学院则将该人带回加强教育。①

（二）案例分析

广州、深圳等大城市不但某些路段摩托车被禁止上路，而且电单车也受到限制。2018 年，深圳颁布《深圳市公安局 交通警察局关于禁止摩托车在部分道路行驶的通告》，该通告要求在深圳部分道路禁止摩托车上路。2019 年 9 月，武汉市发布通告《市人民政府关于进一步加强摩托车管理工作的通告》，通告自 2019 年 9 月 15 日起施行，继续执行

---

① 福州一外籍留学生驾电动车载人被民警拦下起冲突 [EB/OL] . 观察者网，2019 - 07 - 10.

禁摩,"四禁"政策推出,长期执行。"四禁"政策包括以下方面:①禁行。三环线以内区域(含三环线)全天禁止摩托车通行。②禁牌。市中心城区停止摩托车的注册登记,停止外地及本市新城区注册登记摩托车的转入。③禁售。三环线以内区域禁止摩托车销售。④禁改。禁止无牌摩托车上路行驶;禁止非法改装摩托车;禁止摩托车加装阳伞、顶篷、座椅等妨碍交通安全的装置。某些中国城市对摩托车实行严格的管理措施的主要原因是,由摩托车引发的交通事故每年都导致多人伤亡。福州作为福建省的省会城市,与广州、深圳同样限制摩托车在部分市区通行,其法律依据包括《中华人民共和国道路交通安全法》第 4 条和第 39 条的规定。[①] 外国留学生违反摩托车限行规定,载人行驶,严重违反了福州市地方法规,应依法进行处理。

三、禁止使用外国驾驶证

(一)案情经过

2017 年 12 月,交警在山东菏泽高速某路段例行检查时,查出美籍华人 A 先生下飞机回老家的路上,持美国驾照开车,A 先生认为美国驾照在北美很多国家都可以开车,就想当然地以为美国驾照同样在中国通用。A 先生因为没搞清楚中国驾照规则,被依法处以罚款和拘留。根

---

① 《中华人民共和国道路交通安全法》第 4 条规定,各级人民政府应当保障道路交通安全管理工作与经济建设和社会发展相适应。县级以上地方各级人民政府应当适应道路交通发展的需要,依据道路交通安全法律、法规和国家有关政策,制定道路交通安全管理规划,并组织实施。第 39 条规定,公安机关交通管理部门根据道路和交通流量的具体情况,可以对机动车、非机动车、行人采取疏导、限制通行、禁止通行等措施。遇有大型群众性活动、大范围施工等情况,需要采取限制交通的措施,或者做出与公众的道路交通活动直接有关的决定,应当提前向社会公告。

据中国《机动车驾驶证申领和使用规定》，只有依法持有中华人民共和国驾驶证的驾驶员才能在中国驾车上路。[1] 没有取得中华人民共和国驾驶证上路驾驶的，视为"无证驾驶"。

（二）案例分析

International Driving Document（简称 IDD），中文翻译成"国际驾驶执照"，或"国际驾照"。它由联合国 1949 年《日内瓦道路交通公约》和 1968 年《维也纳道路交通公约》确立，世界上有 180 多个国家使用。实际上，国际驾照不是一个驾驶执照，它只是以公约中规定的标准式样、用 8 种语言为驾驶员出具证明，其主要目的是打通各国间在确认驾照时的语言隔阂。因此，使用国际驾照的前提，是公民所在国是上述两个公约的签约国的合法持有驾驶证的公民。中国没有在上述公约上签字，因此持中国驾驶证者无法申请"国际驾照"，即使通过其他途径，例如到香港申请，也是无效的。这个证明文件在公约中称作国际驾照的不是一个驾驶证。"国际驾照"主要用途是帮助其他国家的警察读懂驾驶员的姓名、地址、准驾车型等必要信息。[2] 持外国驾驶证、"国际驾照"在中国公路上驾驶者，依据《中华人民共和国治安管理处罚条例》第 27 条第 2 款之规定，处 15 日以下拘留，并处罚款。持有外国驾驶证并在境外连续居留 6 个月以上的中国公民，可申请换发驾驶证。换证时应填写《机动车驾驶证申请表》，交验身份证或护照、交验国外驾驶执照或国际驾驶执照，接受身体检查并参加考试。车辆管理所对符合规定

---

① 王欣. 美籍华人在中国开车被拘，都是不懂驾照规则惹的祸 [EB/OL]. 搜狐，2018 - 01 - 19.

② 陈晨. 中国未加入《联合国道路交通公约》国内机构给出的"国际驾照"属伪证 [N]. 解放日报，2018 - 07 - 18.

的，经考试合格后，核发驾驶证。需要注意的是，境外某些驾驶证在中国换发会受到限制，例如肯尼亚、阿根廷、泰国等国为期一年的临时驾驶证无法按照上述程序换发。①

为方便来华外籍人士出行，中国某些地区正积极探索由外国政府颁发的驾驶证在中国某些特定地区使用的可能性。据悉，从 2020 年 1 月开始，境外人员可持境外驾驶证在东莞市市民服务中心或东莞各镇街政务大厅公安区办理申请"临时机动车驾驶许可"业务。境外人员在东莞申请小型汽车、摩托车临时机动车驾驶许可的，只需持照片 2 张、入出境身份证件原件、境外驾驶证及其中文翻译文本原件、港澳台居民居住证或东莞市核发的《境外人员临时住宿登记表》原件即可直接申领，不需要到医院办理机动车驾驶人身体条件证明，也不需要参加考试，只需通过手机微信，缴纳临时驾驶证 10 元人民币，就可以获得临时驾驶证，临时驾驶证申请手续简单。② 一旦东莞方便外国人驾车出行的改革获得成功，相信中国其他城市也会学习和借鉴。

四、禁止开车时玩手机等物品

2019 年根据《中华人民共和国道路交通安全法》《深圳经济特区道路交通安全违法行为处罚条例》等法律法规，深圳市政府规定，对使用电话、电子设备或者有其他妨碍安全驾驶行为的，罚款 300 元，扣 2 分。所谓"开车玩手机"系指包括手持拨打、接听等使用电话的；刷微信、刷微博，看短信、看新闻，网购、打游戏、看视频等操作使用移

---

① 赵新明 . 持国际驾照开车，当心"无证驾驶"［N］. 深圳特区报，2013 - 10 - 24.
② 李映民，李纯 . 境外人员可在广东东莞申领"临时机动车驾驶许可"［EB/OL］.
凤凰网，2020 - 01 - 04.

动电子设备等行为以及手持饮食、吸烟等其他妨碍安全驾驶的行为。与日本、新加坡等国家相比，深圳对开车使用移动通信工具的处罚并不算严厉。日本 2018 年因开车使用手机造成事故件数高达 2790 起，比 2013 年增加 1.4 倍。其中，玩手机造成的死亡事故率是不玩手机的 2.1 倍。为此，日本 2019 年年底发布了道路交通法试行修正案，对开车玩手机的危险行为惩罚力度加重。根据修正案，惩罚将从"3 个月以 下拘留，或 5 万日元以下罚款"修改为重罚"1 年以下刑拘，或 30 万日元以下罚款"。新加坡对开车玩手机初犯者最高罚款 1000 新元、监禁 6 个月，对累犯者加倍处罚。

五、依法禁止酒后驾驶或醉酒驾驶

（一）案情经过

2011 年 6 月，中东某国男子阿德·阿沙弗列饮酒后驾驶一辆丰田牌小轿车，在广州市海珠区滨江中路大元帅府对面由西往东行驶时，失控撞向路边花基，造成车辆、路边花基损坏的交通事故。经司法鉴定，阿德静脉血中检出酒精含量为 101.6mg/100ml。调查表明，事发当晚，阿德及亲友饭后，由阿德的朋友开车回家。车辆行驶到某商店前，阿德的朋友停车，下车买水。阿德就从副驾驶位爬到驾驶位开车，把车从路中间靠到路边去。不料在停车过程中，车辆撞向花基。法院审理认为，阿德发生交通事故后，将其哥哥的手机交给案发现场附近的保安代为报警，并在现场等待交警处理，归案后如实供述其犯罪事实，是自首，依法可以从轻处罚；而醉驾所造成的财产损失较小，其中造成损坏的小汽车是阿德兄嫂的家庭自用轿车，没有造成其他车辆及人身损害，且阿德在案发后已支付损坏花基的维修费人民币 1000 元。法院认为，阿德的犯罪后果较轻，社会危害性较小，适用缓刑不致再危害社会。遂以危险驾驶罪，对阿德判处拘役 1 个月，缓刑 2 个月，并处罚款人民币 2000 元。①

（二）案例分析

2013 年最高人民法院、最高人民检察院、公安部关于办理《醉酒驾驶机动车刑事案件适用法律若干问题的意见》规定车辆驾驶人员血液中的酒精含量大于或者等于 20mg/100ml、小于 80mg/100ml 的驾驶行为为酒后驾驶，车辆驾驶人员血液中的酒精含量大于或者等于 80mg/100ml 的驾驶行为为醉酒驾驶。2011 年 5 月 1 日起施行的《中华人民共和国刑法修正案（八）》规定，在道路上醉酒驾驶机动车的将被按"危险驾驶罪"追究刑事责任。《中华人民共和国刑法》第 133 条第 1 款（危险驾驶罪）规定，在道路上驾驶机动车，有下列情形之一的，处拘役，并处罚金：①追逐竞驶，情节恶劣的；②醉酒驾驶机动车的。《中华人民共和国道路交通安全法》第 91 条规定：饮酒后驾驶机动车的，处暂扣 6 个月机动车驾驶证，并处 1000 元以上 2000 元以下罚款。因饮酒后驾驶机动车被处罚，再次饮酒后驾驶机动车的，处 10 日以下拘留，并处 1000 元以上 2000 元以下罚款，吊销机动车驾驶证。醉酒驾驶机动车的，五年内不得重新取得机动车驾驶证。饮酒后驾驶营运机动车的，处 15 日拘留，并处 5000 元罚款，吊销机动车驾驶证，5 年内不得重新取得机动车驾驶证。

韩国在 2011 年实施新的醉酒驾驶（醉驾）法律，在定罪量刑时将按照违法者血液酒精浓度以及违法次数为标准，情节最严重的醉酒驾驶

---

① 广州首例外国人醉驾案宣判 拘役 1 个月缓刑 2 个月 [N]. 搜狐网，2011 – 11 – 18.

者将被依法判处 3 年监禁或处以 1000 万韩元，约 6 万多元人民币的罚款。① 对酒驾或醉驾者依据刑法追究刑事责任的国家还包括俄罗斯、南非、法国、日本、新加坡、泰国和马来西亚等国。其中泰国不仅追究酒驾或醉驾者的刑事责任，还要求违法者到太平间清洗以及搬运尸体。

第二节　居住安全应注意的问题

相对于英美等发达国家，中国人均居住面积较小，2018 年美国人均 65.03 平方米、英国人均 49.4 平方米、法国人均 40 平方米，而中国人均面积只有 39 平方米，中国北京、上海、广州以及深圳等某些大城市，人口稠密，人均居住面积更小。例如 2018 年北京人均居住面积 32 平方米、上海 36.7 平方米、广州 35 平方米、深圳 40 平方米。由于中国大城市进城打工者多，租房需求量大，因此居住条件，尤其是人均居住面积与英美等发达国家有一些差距。中外房屋租赁的条款要求也有所不同，到国外留学前，应当对留学目的国家高校附件公寓的租赁要求有所了解。

一、美日等西方国家外国留学生租住校外公寓的要求

（一）美国高校附近校外公寓租赁合同种类

长期以来，美国大学周边的校外公寓的租赁方式形成较为固定的模式。美国高校学生房屋租赁合同的期限通常为一年。

---

① 王巍. 首例外籍醉驾案一审宣判 韩国男子获 3 月拘役 [N]. 法制晚报，2011 – 07 – 08.

1. 单独合同（Individual Contract）。每个租房者与房东之间签订单独的租房合同。这种合同的优点是，住在一栋房子或一个公寓的另外几名同学有人离开或者延迟支付房租，其余的同学无须负责。

2. 联合租赁合同（Joint Tenancy Agreement）。由代表两个或两个以上的租房者一起与房东签订，如果出现合同未到期中途离开或某同学延迟支付房租，房东可以请他们离开或与该套房屋的租住者协商解决。对于来美国留学的外国留学生，大部分美国房东要求没有美国国籍或绿卡的外国留学生提供担保人。担保人一般的信用记录被要求在 680 分以上，而且月收入要达到一定标准，因为房东担心担保人不但需要支付学生的租房费用，而且可能需要支付自己本身的房贷等。如果在找不到符合房东要求的担保人，很多房东会要求租客一次性付清一整年的租金以表示租房的诚意，房东也因此不再提出担保人的要求。

3. 美国高校附近校外公寓租赁合同主要条款。①租期。租约的开始和结束日期，交租日期，如果超过交租日期的罚款规定；②对租赁者的禁止性规定。例如公寓里不可以养宠物，公共 BBQ 烤炉的使用时间，房间的声音在规定的时间不能超过多少分贝等；③房租金额。有的出租公寓会有物业管理费以及付租金的负责人；④合同是否允许财产的自然损耗，以及详细的各项人为损耗的罚款金额，例如地毯被烧破个洞，窗户被人为砸碎，纱窗破洞，墙上的钉子洞等；⑤家具库存清单。入住前应及时和房东反应需要维修更换的家具，如洗衣机漏水，下水道下水过慢，马桶是否有裂痕；⑥房东义务。房东需要确保所有电气设备是安全的，例如烧水壶、厨具、烤面包机、微波炉等；审查租房合同是否存在不合理地方；⑦入住前，认为合同中存在不合理的地方，应在签字之前提出。例如入住前房东没有专业打扫过房间，但退房时要求房客需要做专业打扫。如果房东答应给你一些减免或者会负责修理某些东西，请务必让房东写在合同中，避免口头承诺。

4. 赴美留学生要注意房屋租约毁约的法律风险。房屋租约对房东来说，签了租约的房子就不能再租给别人。对租住者来说，毁约很可能造成已经签约的房子因租房时节已过，本学期无法再租给别人，可能损失一整年的房租。所以在校外租房，如果签订租房合同后，租住人毁约，房东有权向其追缴整个租期的房租。对于拒不接受罚款的租住者，房东将告知租房学生所在学校，甚至会诉诸法律。因此，在美留学生租房毁约可能带来的风险包括严重影响信用记录、被学校劝退、被法庭传唤，甚至被驱逐出境。

（二）日本高校附近校外公寓租赁习惯

在日本租房都是空房出租，需要自己添置家具。日本租房前有给予房东礼金的一个礼仪，礼金金额大部分为一个月房租。退租时，在中国租房，如果没有损坏房屋或家具，押金可以全部退还。在日本，为了下一个租户有更好的居住体验，房东会对房子进行一个深度清洁，清洁费用会从上一个租户的押金中扣除。①

迄今，日本有关法律并未对"押金"进行明确定义，一般认为其是"在租房者入住之际向房东缴纳的押金，用于担保租房期间产生的租金等债务"。通常，各地房地产界押金额度并不统一，在东京周边地区多为一个月的租金。但在实际操作过程中，房东以房屋某些部分需要通过改造恢复原状为由，从而直接扣除押金的现象不在少数，因此常导致押金最终无法返还，租房者还对自己应负担多少常与房东产生纠纷。

---

① 武内妃与香. 中日大学生纪律和法律要求的比较研究［Z］. 外国留学生中国法律制度专题讲座，2020 - 07.

针对该问题，日本国土交通省（原建设省）曾在 1998 年制定《房屋复原有关纠纷和指导书》，其中也做了明确说明，例如日式房屋内榻榻米由于日照等造成变色等，租房者小心使用仍然产生损坏和污垢的情况下，相关费用不应由租房者承担。

二、来华外国留学生在中国高校校外租房的要求

（一）案情经过

2016 年，外国留学生杰克在深圳城中村租房，所租的房子离学校比较近而且价格便宜。租房合同规定，杰克租房的期限是一年，如果杰克提前搬出所租的房子，杰克需要为房主找到另一个租房人来完成合同所规定的租期。但是，半年后，杰克就从所租的房子搬了出来，也没找到另外一个租房的人继续完成租房合同。也就是说，杰克违约了。

（二）案例分析

如果条件允许，外国留学生最好住在校内。如果一定要住校外，外国留学生租房时，请使用政府打印制作的标准格式的合同。例如 2019 年 11 月，深圳市住房和建设局印制了新版《深圳市房屋租赁合同书》，对出租和承租双方责任做出明确规定。特别是房屋租赁合同附件七：《深圳市房屋租赁安全管理责任书》第 3 条规定，出租人应当保证用于出租的建筑物及其出入口、通道、消防、燃气、电力设施等符合有关法律法规的规定以及有关行政部门规定的安全标准。法律法规规定需取得相关许可证或者批准文件才允许出租的，出租人应当取得。即使便宜，外国留学生也不要到城中村租房，因为城中村的房屋存在安全隐患，无法保证用于出租的建筑物及其出入口、通道、消防、燃气、电力设施等

符合法律法规的规定和规定的安全标准。①

三、来华外国留学生校外租房时可能遇到的其他问题

（一）避免与房东和周边邻居产生纠纷

由于部分外国留学生中文表达能力不高，对我国房屋租赁法律法规了解甚少，而出租人的法律意识淡薄，租赁双方不能签订周密详细的房屋租赁合同，容易在租金、设施、装修等方面产生纠纷。另外，某些留学生的生活习惯、交友方式、作息时间等比较特殊，与周边居民的生活方式相距较大，例如中国城市社区居民喜欢在阳台晾晒衣服和被子，而来华外国留学生通常不在室外晾晒衣被。② 韩国学生一直是来华外国留学生中的主力军，虽然头发、脸型、身材相似，但生活习惯、文化习俗存在较大差异，例如韩国留学生习惯将鞋子放在门外，而中国邻居认为鞋子放在门外挤占了公共空间，而且污染空气。又如韩国留学生通常将生活垃圾放在门外，中国邻居认为，这种行为既不卫生又不雅观；某些韩国学生进教室或者到别人家做客，喜欢戴帽子，而中国邻居认为，进门脱帽是对主人的尊敬等。当然，外国留学生在中国居民小区居住，也会有某些难以适应的地方。例如外国留学生普遍认为中国邻居炒菜油烟大，韩国留学生对中国邻居带着狗进入电梯无法接受，因为韩国不允许狗进入电梯。③

---

① 李斌．深圳启用新版《房屋租赁合同书》范本！押金超过2个月你就亏了［EB/OL］．东云网，2019–11–09.

② 胡乃麟．来华留学生校外住宿问题分析［J］．中国校外教育·高教（下旬），2013（1）：2.

③ 马晓燕．移民社区的多元文化冲突与和谐［J］．中国农业大学学报（社会科学版），2008（12）：118–120.

（二）配合社区的管理

社区是城市的细胞，中国政府对社区的管理模式并非每一个来华外国留学生都能很快适应。例如，2019 年年底新冠疫情发生后，居民社区防疫成为深圳防疫的重点，因为阻断病毒社区传染的路径，是切断疫情扩散蔓延的首要任务。为此，深圳社区管理者将深圳 600 多个社区划分为 1.8 万多个网格。2020 年 2 月初，深圳市政府要求社区的居民小区 100% 实行围合封闭式管理。1.6 万多名社区网格管理员逐门逐户排查居民健康情况，执行排查任务 220 多万次，排查人口 1400 万人次。①对于这种敲门入户进行健康检查、测量体温以及询问近期出行情况的做法，并非所有来华外国留学生都认同并积极配合。但正因为中国政府的积极作为，在很短时间内控制住了疫情蔓延。据悉，截至 2020 年 7 月，疫情发生半年后，作为亚洲最大的留学生目的国，中国没有发生一起来华外国留学生因感染新冠病毒而死亡的案例。

（三）为留学生居住登记提供方便

住在校外的外国留学生，如果要调换住处，也就是从一个街道搬到另一个街道居住，这时应及时到新住处所在的街道派出所重新进行居住登记。对中国居民来说，更换居住地址同样要重新进行居住登记，这是中国的户籍管理制度，是城市公共事务管理的一项重要内容。当然，外国留学生在校外居住登记有时也因语言沟通等问题遇到挫折和困难笔者的一名来华外国研究生，在深圳宝安区某居民小区居住，入住后他连续数次去派出所，希望能办理入住登记，结果派出所民警听不懂他带有家乡语音的英文，办理居住登记并不顺利。

---

① 罗典 . 织密基层防疫网，筑牢社区防疫墙［N］. 深圳晚报，2020 - 03 - 03.

（四）制定《深圳国际化社区行为规范指引》

2019 年 7 月，深圳市政府颁布《关于推进国际化街区建设提升城市国际化水平的实施意见》。提出通过探索兼具国际标准与深圳特色的"国际化街区"新路径，引领社会治理新模式，推动国际化城市建设，计划到 2022 年，建成首批 15 个国际化街区；到 2025 年，形成深圳市国际化街区网络；到 2030 年，国际化街区成为深圳新时期国际化城市建设的重要基础，集聚全球先进技术、生产要素与高端人才。国际化街区的宣传标语就是"越深圳，越国际（Live Local，Live Global）"。来深圳留学的外国留学生希望在深圳大学、深圳南方科技大学等高校附近建设若干国际化社区，作为落实《关于推进国际化街区建设提升城市国际化水平的实施意见》的抓手，希望邀请深圳大学、深圳南方科技大学的外国留学生围绕"国际化社区行为规范"的主题进行课题调研，在此基础上制定《深圳国际化社区行为规范指引》。

第三节　环境卫生与安全

城市环境卫生与安全要靠每一个城市居民守护，外国留学生来中国读书，就是众多城市居民中的一个组成部分，有爱护城市环境卫生与维护环境安全的责任和义务。

一、公共场所禁止吸烟

（一）案情经过

2019 年 5 月，据某高校留学生公寓管理人员反映，有外国留学生将仍在燃烧的烟蒂扔进垃圾桶，导致垃圾燃烧，幸亏被及时发现并扑灭，否则极易引发火灾。

（二）案例分析

在大多数中国城市，在公共场所吸烟是违法行为。例如深圳经济特区控制吸烟条例的规定，如果发现有人在公共场所吸烟，不仅吸烟者，而且公共场所的所有人或经营者均将受到处罚。尽管深圳地方法规做出明确规定，但是仍有外国留学生在教学楼的走廊和教学楼外以及其他公共场所吸烟。据某中学老师反映，有外国学生在中学门口吸烟，这不仅违反禁止在公共场所吸烟的法律规定，而且也对我国青少年学生起到了不良的示范作用。2013 年 6 月，俄罗斯施行"史上最严禁烟法"。新法要求分阶段在公共场所禁烟、全面禁止烟草广告等。新法规定，在包括餐厅、酒吧、宾馆甚至居民楼楼道在内的几乎所有公共场所禁止吸烟，允许吸烟的地方仅限于专设开放区域或配有通风系统的独立室内吸烟室。2019 年 9 月，俄罗斯修订《消防条例》，要求内外阳台、房间、宿舍和酒店内禁用明火，点燃的火柴和香烟均属于"明火"范畴。此外，各大影院在电影放映前还须播放火灾逃生指南，商店卸货通道不得遮挡紧急出口。在俄罗斯政府的督促下，俄罗斯高校严厉管控学生的吸烟行为，很多俄罗斯大学不设立吸烟区，不论远东联邦大学、莫斯科大学还是圣特彼得堡大学，学生在校区吸烟均属于违反校纪的行为。学校有权扣除奖学金，取消该学期的学分，安排无偿劳动甚至开除学籍。

二、禁止噪音污染

（一）案情经过

2018 年 4 月，某高校留学生投诉称，有一群外国留学生定期在留学生公寓楼外面的院子里搞活动，外语角、生日聚会等。遇到某些国家传统节日，某些外国留学生还会聚集在留学生公寓楼外面的院子里唱歌和跳舞，影响了住在留学生公寓楼内同学的学习和休息。接到外国留学生投诉后，学院班主任老师到每个班级讲解《中华人民共和国治安管理处罚法》第58条的规定以及与此相关的校纪校规，要求外国留学生在留学生公寓楼内楼外举办活动不能影响他人的学习和休息。

（二）案例分析

《中华人民共和国治安管理处罚法》第58条规定，违反关于社会生活噪声污染防治的法律规定，制造噪声干扰他人正常生活的，处警告；警告后不改正的，处200元以上500元以下罚款。尽管我国法律有明文规定，但是仍有个别外国留学生在留学生公寓内或公寓外的广场上弹吉他、唱歌，甚至有些留学生在留学生公寓或在居民小区租住的住所开生日酒会、唱歌跳舞，干扰了他人正常的生活。当然，噪音污染与我国现行规章制度不完善有密切关系：①噪音标准没有细化，可操作性低，法律应进一步明确告知噪音标准；②对公共场所噪音检查以及执纪不严，相关管理部门存在互相推诿、不作为等现象。① 噪音标准问题是国际社会的普遍问题。韩国民众因为居民楼内噪音而相互打架、重伤他人事件时有发生，但因为无法确定噪音标准而得不到有效治理。从2014年5月开始，韩国实施《共同住宅楼层间噪音标准规定》，对直接冲击性噪音提出的标准是：日间57分贝，夜间52分贝；对于1分钟内持续噪音的标准为：日间43分贝，夜间38分贝。若每周有3次噪音超过上述基准，则应承担法律责任。② 为有效遏制噪音污染，中国应借鉴

① 温才妃. 降低噪音从公共场所做起［N］. 中国科学报，2018 - 03 - 14.
② 王刚. 韩国出台新法制约噪音扰民［J］. 吉林人大，2014（7）.

韩国的做法，特别是深圳、广州等珠三角城市，应当先行先试，立法制止噪音污染。

第四节 依法从事宗教活动

《中华人民共和国宪法》第 36 条规定，中华人民共和国公民有宗教信仰自由。对于宗教组织和宗教活动，①任何国家机关、社会团体和个人不得强制公民信仰宗教或者不信仰宗教，不得歧视信仰宗教的公民和不信仰宗教的公民；②国家保护正常的宗教活动，任何人不得利用宗教进行破坏社会秩序、损害公民身体健康、妨碍国家教育制度的活动；③宗教团体和宗教事务不受外国势力的支配。依据 2018 年 2 月公布的《宗教事务条例》第 40 条的规定，信教公民的集体宗教活动，一般应当在宗教活动场所内举行，由宗教活动场所、宗教团体或者宗教院校组织，由宗教教职人员或者符合本宗教规定的其他人员主持，按照教义教规进行。根据《中华人民共和国宪法》和《宗教事务条例》的规定，在普通高校（非宗教院校）不允许从事传教以及派送宗教宣传册等宗教宣传活动，防止利用宗教活动冲击、干扰正常教学和科研秩序。

一、案情经过

2018 年 6 月某日，在南方某高校，突然几辆警车开入校园，数名警察走入学校警务室。在警车到来前，已经有约 20 名外籍学生被带到警务室。据说，这天清晨，一名警员在校内一小山丘边跑步晨练时，发现几名外籍学生身穿白色衣裤在集体祷告。于是，这名晨练的警察分别向学校辖区派出所和学校警务室电话报案。学校警务室人员重视，立即指派学校的保安人员将祷告学生集体带入学校警务室盘问。与此同时，学校辖区派出所的警车也已经赶到学校警务室。经查问，原来当天是开斋节，正值周五，中国的公司企业都在正常上课上班。某穆斯林同学在其微信朋友圈中发出建议：周五清晨到某大学校园的山丘旁边集体祷告。结果包括在附近公司工作的穆斯林朋友一共来了约 20 人。派出所警察询问发出建议的穆斯林同学，是否知道中国法律的规定，即在中国应当到宗教场所从事宗教活动。该同学回答知道，同时又说，清真寺离学校远，他们今天要上课或上班，因此决定清晨集体在校园山丘旁边祷告。

面对外籍穆斯林同学的回答，学校警务室人员对同学们没有遵守中国法律的行为进行批评，同时要求学校老师带领外籍穆斯林同学重新学习与宗教活动相关的法律法规，并建议学校主管部门在外籍学生重大节日的节点做好预案，例如开斋节是否可以为穆斯林同学放假，或者为他们联系去清真寺的车辆等。

二、案例分析

宗教信仰，在一定范围内具有其特殊的凝聚力、号召力，而且特别敏感，传播速度快。一旦遇到所谓不公平的事情，宗教信仰中的自我保护心理会很快蔓延，煽动抗争的激情立刻燃烧起来，互联网等信息社会的传播手段也会推波助澜。因此，某些国家出于对政局稳定的考虑，对网络政治和宗教信息的传播都比较重视。例如新加坡法律规定，新加坡的网络服务供应商（ISP）和拥有网址的政党、宗教团体以及以新加坡为对象的电子媒体，均须在新加坡广播局注册并接受管理，受管制的内容涉及"反政府和影响民众信心""煽动种族和宗教仇恨和歧视"、"危害公共安全和国防"等相关内容。①

　　1995 年 3 月 20 日，日本东京地铁 3 条线路、5 辆列车同时遭遇沙林毒气攻击，共造成 13 人死亡，超过 5000 人受伤。这一日本战后史上最严重的恐怖袭击事件是由邪教团体"奥姆真理教"发动的，该邪教团体拥有制造沙林毒气的工厂，在地铁中投毒后全身而退。令全日本人震惊的是，具体实施此次恐怖行动的 5 人均为受过高等教育的青年，其中不乏名牌大学物理系研究生和医生等。调查发现，"奥姆真理教"伪装成学生社团，在东京大学等著名高校招募学生。② 虽然日本某些大学已经认识到，类似"奥姆真理教"这种以宗教名义存在大学校园中的学生社团会给学生带来风险，但因日本《宪法》第二十条"对任何人的信教自由都给予保障"的规定。日本大学管理者对大学中的宗教以及类似宗教的学生社团没有采取限制措施。对此，有日本来华留学生认为，日本法律注重保障宗教信仰自由，但是对不信仰宗教人士的安全，亦应考虑。从保护学生安全的角度考虑，中国高校颁布的《学校禁止宗教活动的规定》是有借鉴意义的。③

　　2019 年 12 月，印度颁布《公民身份法》修正案。根据该法案，印度政府授予 2014 年 12 月 31 日前因"宗教迫害"进入印度的巴基斯坦、孟加拉、阿富汗三国非法移民印度的公民身份，包括印度教、锡克教、佛教、耆那教、拜火教、天主教教徒都有资格申请印度公民身份，但唯

---

① 罗宇凡，章苒，南婷. 各国都是怎么管理互联网的？［EB/OL］. 新华网，2014 - 11 - 19.
② 关于驹场校园与学生（东京大学大学院综合文化研究科认知行动科学丹野研究室）.
③ 原田萌希. 中日大学生纪律和法律要求的比较研究［Z］. 外国留学生中国法律制度专题讲座，2020 - 07.

独把穆斯林排除在外。此外，该修正案将归化入籍的要求之一从申请人必须在印度居住 11 年的时限放宽至 5 年。《公民身份法》的颁布立刻引发印度大规模骚乱。①《公民身份法》似乎不会剥夺任何现有印度公民的国籍，只是为了方便特定外国人群体获得印度国籍。而且，该法案列明的巴基斯坦、孟加拉、阿富汗三个国家本身都是伊斯兰教国家，在那里最有可能受到宗教影响的当然是那些非伊斯兰教派，因而在国籍申领问题上并不存在所谓"对穆斯林的歧视"。但印度伊斯兰居民并不认同，他们认为，把穆斯林排除在法案之外就是对穆斯林的歧视。印度骚乱发生后，印度政府在骚乱地区关闭互联网，禁止非法消息传播，仍然难以控制局势。印度《公民身份法》引发的骚乱说明，坚持宗教活动在宗教场所进行，避免误导信教民众的网络消息的传播，对社会稳定是极为重要的。

第五节　依法严厉打击毒品违法犯罪

《2018 年中国毒品形势报告》载明，截至 2018 年年底，全国有吸毒人员 240.4 万名。其中，35 岁以上 114.5 万名，占 47.6%；18 岁到 35 岁 125 万名，占 52%；18 岁以下 1 万名，占 0.4%。2018 年新发现吸毒人员同比减少 26.6%，其中 35 岁以下人员同比下降 31%。冰毒成为滥用"头号毒品"，大麻滥用人数增多。在 240.4 万名吸毒人员中，滥用冰毒人员 135 万名，占 56.1%，冰毒已取代海洛因成为我国滥用人

---

① 龙玥. 印度骚乱 12 天，23 死，5400 人被拘，705 人入狱［EB/OL］. 观察者网，2019 - 12 - 23.

数最多的毒品；滥用海洛因 88.9 万名，占 37%；滥用氯胺酮 6.3 万名，占 2.6%。大麻滥用继续呈现上升趋势，截至 2018 年年底，全国滥用大麻人员 2.4 万名，同比上升 25.1%。在华外籍人员、有境外学习或工作经历人员及娱乐圈演艺工作者滥用出现增多的趋势。毒品市场花样多，新类型毒品不断出现。为吸引消费者、迷惑公众，一些毒贩不断翻新毒品花样，变换包装形态，"神仙水""娜塔沙""0 号胶囊""氟胺酮"等新类型毒品不断出现，具有极强的伪装性、迷惑性和时尚性，以青少年在娱乐场所滥用为主，给监管执法带来难度。据国家毒品实验室检测，全年新发现新精神活性物质 31 种，新精神活性物质快速发展蔓延是目前全球面临的突出问题。①

一、来华外国留学生毒品违法问题

（一）案情经过

中国南方某大学一名大学三年级外国留学生，在校外交了一些朋友，并在一起吸毒，一次他们正吸毒，警察推门进来，这名外国留学生被拘留，后被遣送回国。他的父母到学院来替他求情，但没有人能帮助他，因为他严重违反中国的法律法规。依据《中华人民共和国治安管理处罚法》第 72 条规定，有下列行为之一的，处 10 日以上 15 日以下拘留，可以并处 2000 元以下罚款；情节较轻的，处 5 日以下拘留或者 500 元以下罚款：①非法持有鸦片不满 200 克、海洛因或者甲基苯丙胺不满 10 克或者其他少量毒品的；②向他人提供毒品的；③吸食、注射毒品的；④胁迫、欺骗医务人员开具麻醉药品、精神药品的。作为外国

---

① 付静.2018 年中国毒品形势报告［EB/OL］.中国政府网，2019 - 06 - 18.

留学生，这名大学三年级的学生，被中国警方拘留，拘留期满后，遣送回国。

（二）案例分析

因国际禁毒公约没有明确将非法消费毒品的行为规定为犯罪。因此，世界范围内，对待非法消费毒品问题采取了不同的立法措施。①将吸毒行为规定为犯罪并以刑罚制裁。例如，日本、韩国、新加坡等。韩国《有关毒品类管理的法律》第 61 条规定：吸食毒品，将处以 5 年以下有期徒刑或者 5000 万韩元以下的罚款。具体的处罚，根据吸食毒品的次数、场所、计量、中毒程度等综合考虑之后，做出决定。日本《刑法》139 条规定：对吸鸦片者处 3 年以下惩役。新加坡从 1975 年起，对下列人员判处死刑（绞刑）：拥有 15 克或更多海洛因和吗啡；200 克或更多大麻或哈希什；1 公斤或更多鸦片；40 克或更多的可卡因。① ②将吸毒视为犯罪行为，但可用医疗措施代替刑罚执行。泰国、法国等对吸毒者做出此类法律规制。泰国《麻醉品法》规定，非法消费海洛因及其衍生物等一、二类毒品的，判处 6 个月以上 10 年以下监禁，并处 5000 至 10 万铢罚金；非法消费除罂粟以外的第三类麻醉品的，处 1 个月以下监禁，并处 1000 铢以下罚金。如果非法消费毒品的罪犯在逮捕前已经进行治疗的，可不予刑事处罚。但犯罪 3 次以上，罪犯要在封闭的健康机构中接受治疗。② 1999 年法国司法部就颁布指令，要求检察官对服用毒品的轻微犯罪适用刑罚以外的处理方案，特别是针对吸毒成瘾者，应当尽最大可能以治疗性措施替代监禁。③视为病态行为，对吸毒成瘾者采取强制治疗措施。例如，拉丁美洲国家多采用这种

---

① 李倩岚．吸食、注射毒品犯罪化探索［J］．社会法制，2009（7）：354.

② 阿地力江·阿不来提．毒品刑事治理探讨［J］．刑事法律评论，2008（1）：554.

对策。④对吸毒行为不认为构成犯罪，但予以行政处罚。我国法律对吸食和注射毒品的，除强制戒除外，一般采取行政拘留、罚款等行政处罚措施。⑤实行严格禁止（硬性毒品）与有限开放（软性毒品）相结合的两手策略。主要是以荷兰为代表的一些欧盟国家对服用、持有甚至出售限量软性毒品的行为予以非犯罪化。例如有荷兰人认为，吸毒者应当被视为病人而非罪犯，他们所需要的是帮助而非审判。2001 年，葡萄牙通过一项法律，个人吸毒和拥有毒品（1 克海洛因、2 克可卡因、25克大麻叶或 5 克麻药）不再视为刑事犯罪。此后，葡萄牙政府每年投入大量资金帮助吸毒者，国家发放药物包，为海洛因使用者进行戒毒治疗、建设戒毒中心等。这些做法一方面对吸毒者提供了帮助，另一方面降低民众警觉度，忽视毒品危害，导致毒品更加泛滥。如今加拿大、澳大利亚、新西兰、西班牙以及美国部分州不再禁止出售和使用大麻等毒品。中国对消费大麻、海洛因等毒品行为存在两种意见：一是借鉴韩国、日本以及新加坡等国经验，对毒品消费者进行刑事制裁；二是借鉴加拿大、澳大利亚、新西兰、西班牙等国经验，放松对毒品特别是以大麻为代表的软性毒品的法律管制。在两种意见中，第一种对毒品消费者进行刑事制裁的呼声更高，但是考虑到毒品消费总体上属于自伤自残行为，最大的受害者是吸毒者本人，具有"无被害人犯罪"的特征，因此以行政处罚作为处罚方式。

二、外国留学生及其他外籍人士在中国境内毒品犯罪问题

对中国人来说，毒品不仅是现实的危害，还连接着民族苦难和国家危亡的惨痛记忆。从历史的角度看，鸦片战争的失败导致中华民族一步步陷入苦难的深渊，毒品也成为民族复兴必须铲除的毒瘤。《2018 年中

国毒品形势报告》载明，全年破获毒品犯罪案件 10.96 万起，抓获犯罪嫌疑人 13.74 万名，缴获各类毒品 67.9 吨。

（一）案情经过

1. 近年出现由国外商家邮寄走私进口大麻，在中国国内犯罪嫌疑人通过微信、whatsapp 等聊天工具进行贩卖的案件。据悉，某外籍大学生多次从国外以邮寄方式走私进口大麻，共计 1800 克，除自己吸食外，向在校外籍学生贩卖。[①] 2018 年 5 月，苏州市人民检察院就该外籍大学生走私、贩卖毒品一案向法院提起公诉。2018 年 11 月 30 日，苏州市中

[①] 中华人民共和国刑法（2017 年修订版）第 351 条规定，非法种植罂粟、大麻等毒品原植物的，一律强制铲除。有下列情形之一的，处 5 年以下有期徒刑、拘役或者管制，并处罚金：①种植罂粟 500 株以上不满 3000 株或者其他毒品原植物数量较大的；②经公安机关处理后又种植的；③抗拒铲除的。非法种植罂粟三千株以上或者其他毒品原植物数量大的，处 5 年以上有期徒刑，并处罚金或者没收财产。非法种植罂粟或者其他毒品原植物，在收获前自动铲除的，可以免除处罚。第 352 条规定，非法买卖、运输、携带、持有未经灭活的罂粟等毒品原植物种子或者幼苗，数量较大的，处 3 年以下有期徒刑、拘役或者管制，并处或者单处罚金。第 353 条规定，引诱、教唆、欺骗他人吸食、注射毒品的，处 3 年以下有期徒刑、拘役或者管制，并处罚金；情节严重的，处 3 年以上 7 年以下有期徒刑，并处罚金。强迫他人吸食、注射毒品的，处 3 年以上 10 年以下有期徒刑，并处罚金。引诱、教唆、欺骗或者强迫未成年人吸食、注射毒品的，从重处罚。第 354 条规定，容留他人吸食、注射毒品的，处 3 年以下有期徒刑、拘役或者管制，并处罚金。第 347 条规定，走私、贩卖、运输、制造毒品，无论数量多少，都应当追究刑事责任，予以刑事处罚。走私、贩卖、运输、制造毒品，有下列情形之一的，处 15 年有期徒刑、无期徒刑或者死刑，并处没收财产：①走私、贩卖、运输、制造鸦片 1000 克以上、海洛因或者甲基苯丙胺 50 克以上或者其他毒品数量大的。②走私、贩卖、运输、制造毒品集团的首要分子；③武装掩护走私、贩卖、运输、制造毒品的；④以暴力抗拒检查、拘留、逮捕，情节严重的；⑤参与有组织的国际贩毒活动的。走私、贩卖、运输、制造鸦片 200 克以上不满 1000 克、海洛因或者甲基苯丙胺 10 克以上不满 50 克或者其他毒品数量较大的，处 7 年以上有期徒刑，并处罚金。走私、贩卖、运输、制造鸦片不满 200 克、海洛因或者甲基苯丙胺不满 10 克或者其他少量毒品的，处 3 年以下有期徒刑、拘役或者管制，并处罚金；情节严重的，处 3 年以上 7 年以下有期徒刑，并处罚金。

级人民法院依法做出判决，以犯走私、贩卖毒品罪判处被告人有期徒刑 3 年，并处罚金人民币 10000 元，驱逐出境的刑罚。①

2. 加拿大公民罗伯特·劳埃德·谢伦伯格，在中国卷入毒品走私案，罗伯特伙同他人走私冰毒 222.035 千克，其行为构成走私毒品罪，于 2018 年年底被中国法庭判处死刑。加拿大政府替罗伯特说情，请求宽恕和赦免，但是，加拿大政府的请求被中国政府拒绝。②

3. 2007 年 9 月，时年 53 岁的英国公民阿克毛（Akmal Shmkh），从塔吉克斯坦的杜尚别携带 4 千克价值 25 万英镑的海洛因抵达新疆乌鲁木齐，被中国海关安检人员查获，由乌鲁木齐市中级人民法院一审判处死刑。此后，阿克毛两次提起上诉，中国最高法院 2009 年 12 月 21 日终审维持原判，阿克毛 29 日被注射执行死刑。阿克毛死刑判决在英国掀起轩然大波。英国政府曾在阿克毛即将被处决的前夕展开与中国的所谓"谈判"。时任英国首相的布朗先生请求中国对阿克毛"宽大处理"。英国媒体大势渲染所谓"悲情"。英国驻华大使也在阿克毛被处决的前一天亲自探监。③

（二）案例分析

自 2000 年以来，已有来自英国、日本、韩国、菲律宾、南非、缅甸、老挝等国的十多名外国人在华被判死刑，罪名多以贩毒为主。几乎每次判处外国人死刑，中国政府都承受了巨大的外交压力，但均拒绝外

---

① 斩断毒品入校园之链，某高校一留学生走私贩毒被驱除出境 ［N］. 中国青年报，2019 - 06 - 24.
② 刘泽. 加拿大籍被告人罗伯特·劳埃德·谢伦伯格走私毒品一案二审被当庭裁定发回重审 ［EB/OL］. 中华人民共和国最高人民法院，2018 - 12 - 29.
③ 邓建国. 英国媒体报道中关于阿克毛事件的逻辑谬误 ［J］. 对外大传播，2010（4）：23.

国政府的"求情"。外国政府施压并没有改变中国的独立审判。

非法交易毒品是严重的刑事犯罪行为,对非法交易毒品的犯罪行为给予死刑判决的国家包括新加坡、土耳其、埃及、印度尼西亚、沙特阿拉伯、斯里兰卡、泰国等。还有一些国家对非法交易毒品的严重犯罪判处终身监禁,这主要是一些已经废除死刑的国家,例如英国等。① 美国前总统特朗普曾说,"在新加坡,我问总理先生,你们国家有毒品问题吗?李显龙总理回答,不,我们没有任何毒品问题。我再问,一点毒品问题也没有吗?李显龙总理回答,我们对毒品问题零容忍,任何贩毒到新加坡的人都会被处以死刑!"据悉,1999 年以来,新加坡已经绞死了100 多名与毒品有关的罪犯。②

特朗普认为,在美国很多州,你会因为杀一个人而获得死刑,而一个毒贩,在他贩毒的一生里头,他会杀掉几千个人,毁掉几千个家庭,我们能把毒贩怎么样?关上 30 天!甚至不去抓他!我们不能再闹着玩了,这就是我们有问题的原因!我们必须付诸行动。③

第六节　外国留学生个人信息资料及财产安全

由于移动电话、微信、互联网的广泛使用,在信息社会,个人信息资料甚至是个人隐私都非常容易传播,整个社会也因此变得越来越

---

① 白山云.国外毒品犯罪的类型及其刑罚 [J].比较法研究,1990 (3):72.
② 葛鹏.盘点近年外国人在华被判死刑案:罪名以贩毒为主 [EB/OL].环球网,2014 - 08 - 22.
③ 王世纯.特朗普呼吁给美国毒贩增加死刑选项:学习中国和新加坡 [EB/OL].观察者,2018 - 03 - 15.

"透明"。因此，保护好个人的身份证件（包括身份证、驾驶证、护照等）、银行卡号码，特别是密码、家庭成员的资料以及电子邮箱、QQ信箱的密码等十分必要。作为外国留学生，不要进入要输入自己信息的任何不熟悉的网站，特别是载有容易让人同情并放松警惕信息的陌生网址。例如，在某某地方留学生遇害、在某地发生山火、多少野生动物死亡等。上述信息，需要输入自己邮箱密码、QQ密码才能获取，需要小心。如果需要扫码（微信码），则更不要轻易扫码。因为诈骗分子获取你的邮箱、QQ信箱等私人通信账号后，会以你的名义向你熟悉或经常联系的人发送诈骗信息。

一、案情经过

老吴是加拿大籍华人，2015年从国外回到广东某高校学习中文，由于在海外经商多年，人生阅历非常丰富，也愿意跟同学和老师分享一生中的成功经验和失败教训，由于一个人在国内生活，难免有时会寂寞，因此时常以请教问题为名，请老师和同学们在校门口的茶餐厅小聚，一学期后，就跟班里的同学和老师们非常熟悉了。2016年春节过后，老吴打电话给他的任课老师A问候节日快乐。没过多久，A老师又接到老吴的电话，A老师问他，是否有什么事情需要帮助？老吴吞吞吐吐地说，你借我的钱是否该还我了。A老师马上意识到出事了，马上约老吴见面，老吴说，春节前接到您的电话，说过节急需钱用，能否借点钱，并让我记了一个银行账户，我往账户里打了8000元人民币。A老师听到这里，马上带着老吴去派出所报案。在去报案的路上，A老师对老吴说，老师们可能会一时现金紧张，但是现在凭教师的个人信用，向银行或金融机构借钱的渠道有很多种。再者，通常老师们都有银行信用卡，老师们可以向学院或同事借钱。但不能向学生尤其外国学生借钱，学校纪律不允许这种行为。在报案过程中，公安机关除询问被骗经过，还详细记录了诈骗老吴的电话号码以及账户号码。

二、案例分析

在报案的过程中，A 老师了解到，2016 年春节前的某一天，有人给老吴打电话，询问老吴最近在忙些什么事情。老吴回答说，这个假期不准备回加拿大了，因为中国寒假期间，加拿大比较寒冷，想在广东旅游等。电话里的人说，假期也不要忘记学习，还是要安排时间读些书等。老吴回问道，您是哪位老师？电话里的人说，你怎么还没有听出来？老吴回答，啊，听出来了，您是 A 老师。接着，电话里的人开始了所谓春节需要用钱为由进行诈骗。从老吴被骗这起案例来看，骗子是从电话聊天中获取想要的信息。例如，从"忙什么？"获得"寒假信息"。那么什么人有"寒假"？当然是"学生"。从"不回加拿大""要在广东旅游"获知"这个人有旅游的钱"，然后编出故事，骗钱。总之，无论电话、微信、网络等等，都是虚拟的世界，涉及钱财，一定要见面谈，而不能在虚拟环境谈，这是防止受骗上当的关键之一。据公安部发布的消息，从 2015 年至 2018 年，三年内中国共破获 31.5 万起电信诈骗案，缴获赃款 47.5 亿多元人民币。除在中国国内抓捕电信诈骗团伙外，公安部还先后 64 次组织各地公安机关赴东南亚、欧洲、非洲、中美洲等 34 个国家和地区捣毁境外诈骗窝点 216 个，抓获犯罪嫌疑人

3000 多人。① 以电话、电邮等通信方式进行诈骗是世界各国需要重点防范的犯罪行为。

诈骗集团对来华外国留学生的诈骗，通常包括以下几种情形：①冒充房东短信诈骗。诈骗分子冒充房东群发短信，称房东银行卡已换，要求将租金汇入另一指定账户内，个别租房者信以为真，将租金汇入指定账户，结果上当受骗。②冒充老师或同学诈骗。诈骗分子利用木马程序盗取对方网络通信工具密码，截取对方聊天视频资料后，冒充该通信账号机主对其老师或同学以"急病、交通肇事"等紧急事由为名实施诈骗。③冒充公检法等国家工作人员电话诈骗。诈骗分子冒充公检法工作人员拨打受害人电话，以事主身份信息被盗用、涉嫌洗钱、贩毒等犯罪为由，要求将钱款汇入指定账户，接受检查为名，进行诈骗。④改签机票诈骗。诈骗分子冒充航空公司客服，以"航班取消、提供退票、改签服务"为由，诱骗购票者二次或多次进行汇款，实施诈骗。⑤"班级讯通录"短信链接诈骗。诈骗分子以"班级讯通录"的名义，发送带有链接的诈骗短信，一旦点击链接进入后，手机即被植入木马程序，存在银行卡被盗刷的风险。

对于学生，尤其外国留学生，对通过电话、短信要求进行涉及资金的操作，务必保持警惕，如有疑问可拨打 110 进行咨询；收到房东、同学发来的转账、代付款等信息后，需要电话当面确认是否属实；收到银行、房东发来的短信，如有链接不要轻易点击，不要轻易安装链接中的软件。近年来，中国政府对依法保护个人信息越来越重视。2017 年 6 月开始实施的《中华人民共和国网络安全法》第 76 条第 5 款规定，"个人信息，

---

① 董鑫. 全国三年破获电信诈骗案 31.5 万起［N］. 中国青年报，2018 – 11 – 30.

是指以电子或者其他方式记录的能够单独或者与其他信息结合识别自然人个人身份的各种信息，包括但不限于自然人的姓名、出生日期、身份证件号码、个人生物识别信息、住址、电话号码等。"2020 年 5 月，全国人大通过的《中华人民共和国民法典》关于个人信息的规定是在《中华人民共和国网络安全法》规定的基础上，将"电子邮箱、健康信息、行踪信息等"也纳入个人信息的保护范围。中国警方也把加强对个人信息保护作为一项工作重点。据悉，2019 年，中国警方共侦破网络犯罪案件 5.9 万余起，抓获犯罪嫌疑人 8.8 万余名。其中，破获侵犯公民个人信息类案件 5000 余起。①

第七节　中外高校反校园欺凌制度

　　2016 年 11 月，教育部联合中央综治办、最高人民法院、最高人民检察院、公安部、民政部、司法部、共青团中央、全国妇联等部门印发了《关于防治中小学生欺凌和暴力的指导意见》。虽然教育部首次下发的关于防治校园欺凌的意见指由小学或中学阶段的未成年人在校园中恃强凌弱、寻衅滋事、猥亵、调戏等违纪违法行为，但上述违纪违法行为在大学校园也时有发生。美国学者雪莉·戈登（Sherri Gordon）认为，美国高校的欺凌行为表明：①校园欺凌在高中阶段并没有终结；②美国高校校园中的网络欺凌正快速增加；③发生在高校校园中的欺凌使学生

---

　　① 张子扬.公安部：去年破获侵犯公民个人信息类案件 5000 余起［EB/OL］.中国长安网，200 - 05 - 07.

们不得不面对特别的挑战①；④被欺凌的高校学生通常感到孤独或被排斥；⑤被欺凌的大学生们通常对委屈或屈辱保持沉默。② 1999 年，美国第一部反欺凌法在佐治亚州诞生，到 2015 年，美国 50 个州和哥伦比亚特区都相继制定或修订了专门的反校园欺凌法。作为美国最早颁布的反欺凌法，佐治亚州反欺凌法对其他各州的反欺凌立法产生了重大影响，几经修正后，佐治亚州反欺凌法将欺凌定义为：（1）具备实施能力的条件下，任何故意伤害他人的企图或威胁；（2）任何故意炫耀暴力的行为，使受害者感到恐惧，或预计会立即受到暴力伤害的行为；（3）任何有意的书面、口头或肢体行为，而这种行为会使人有理由相信，这是在威胁、骚扰或恐吓。如：①对他人造成本法第 16 - 5 - 23.1 款的实质性身体伤害或可见的身体伤害。②具有实质性干扰学生受教育的效果。③严重、持续或普遍存在，造成一个恐吓或威胁性的教育环境。④严重扰乱学校的有序运作。"欺凌"包含"网络欺凌"，"网络欺凌"是通过使用电子通信，不论这种网络欺凌是否源自学校的网络设施，只要这种电子信讯：专门针对学生或学校人员；恶意威胁特定人员的安全或严重扰乱学校的运作秩序；对学生对可能受到伤害恐惧心理，

---

① "特别的挑战"指大学生通常住在学校宿舍或校园附近，远离家庭和亲人，当他们遭遇校园欺凌时通常不能像中小学生那样得到家长们的帮助，尤其是面对来自宿舍或同寝室的同学的欺凌氛围。

② GORDON S. 5 Facts About Bullying in College［EB/OL］. Verywell Family，2020 - 09 - 22.

或很有可能伤及学校工作人员的人身或财产。① 美国各州反欺凌法的共同之处在于，法律明确规定，学校在反霸凌上的责任，并将惩罚权交给学校。不同之处在于，各州对校园欺凌立法的内容不完全相同，美国各州对欺凌没有一个统一的定义。某种行为或一系列行为在某几个州可能是欺凌行为，在另外一些州可能不是欺凌行为。在学校管辖范围上也存在显著差异，一些州限定学校对欺凌的管辖范围是在校园内以及其他由学校负责的地点或事件中，一些州则授予学校更大的管辖范围，学校可以负责解决在任何地方发生的学生欺凌事件。②

① ①Georgia anti – bullying laws include the following definitions of bullying and cyberbullying：The term " bullying" means an act that is：（1）Any willful attempt or threat to inflict injury on another person, when accompanied by an apparent present ability to do so；（2）Any intentional display of force such as would give the victim reason to fear or expect immediate bodily harm；or（3）Any intentional written, verbal, or physical act which a reasonable person would perceive as being intended to threaten, harass, or intimidate, that：（A）Causes another person substantial physical harm within the meaning of Code Section 16 – 5 – 23. 1 or visible bodily harm as such term is defined in Code Section 16 – 5 – 23. 1；（B）Has the effect of substantially interfering with a student's education；（C）Is so severe, persistent, or pervasive that it creates an intimidating or threatening educational environment；or（D）Has the effect of substantially disrupting the orderly operation of the school. The term also applies to acts of cyberbullying which occur through the use of electronic communication, whether or not such electronic act originated on school property or with school equipment, if the electronic communication（1）is directed specifically at students or school personnel,（2）is maliciously intended for the purpose of threatening the safety of those specified or substantially disrupting the orderly operation of the school, and（3）creates a reasonable fear of harm to the students´or school personnel's person or property or has a high likelihood of succeeding in that purpose.

② 林杰. 美国公立学校反校园欺凌政策分析［J］. 云南师范大学学报（哲学社会科学版），2017（3）：80 – 88.

一、中外大学校园的欺凌案件

（一）打架斗殴

2016 年 9 月，在深圳某大学操场，一群中国学生和外国学生正进行足球比赛，一名外国留学生为抢球抬腿过高，险些被踢到的中国学生随口骂出脏话，抬脚过高的外国留学生一把抓住骂人的中国学生问：你说什么？再说一遍？中国学生又骂一句，这名外国留学生上去一拳将中国学生的嘴打出血，比赛因双方球员混战而停止。接到报警电话的校警冲进赛场，将群殴的双方球员带到辖区派出所。警方认为，外国留学生踢球时抬腿过高是违反比赛规则，中国学生骂人和外国留学生动手打人则是缺乏教养的不文明行为，如果双方不相互为自己的错误言行向对方道歉，则按照《中华人民共和国治安管理处罚法》处理。

《中华人民共和国治安管理处罚法》第 43 规定，"殴打他人的，或者故意伤害他人身体的，处 5 日以上 10 日以下拘留，并处 200 元以上500 元以下罚款；情节较轻的，处 5 日以下拘留或者 500 元以下罚款。有下列情形之一的，处 10 日以上 15 日以下拘留，并处 500 元以上 1000元以下罚款：①结伙殴打、伤害他人的；②殴打、伤害残疾人、孕妇、不满 14 周岁的人或者 60 周岁以上的人的；③多次殴打、伤害他人或者一次殴打、伤害多人的。"值得注意的是，故意伤害他人身体，在很多国家属于犯罪行为，例如依据美国加州刑法第 242 条，普通的殴打是指并无导致严重伤害的殴打，也不是针对执法人员或其他受保护人员的打击行为，属于轻罪。刑事处罚有下述可能：①轻罪缓刑；②6 个月以下在郡或县监狱的监禁；③并处或单处 2000 美元以下罚金。① 日韩等国对打架斗殴的行为人也依据本国刑法对施暴者追究刑事责任，例如韩国刑法规定，对施暴者最低处 2 年以内有期徒刑或不超过 500 万韩元（约合 3 万元人民币）罚金。

（二）猥亵

2019 年 7 月，河北工程大学有女学生报案，在主校区计算机电阶教室楼道，她遇到一名男性外国留学生，该外国留学生刚开始请中国女生帮他将汉语句子翻译成英语，进而提出与这位中国女生拍合照，拍照过程中，这名外国留学生强吻这名中国女生，而且袭胸。中国女生表示无法接受，外国留学生却说，"这是其他国家常见的感谢方式"。接到中国女生的报案电话后，校警依法对涉案外国留学生进行了询问，并调取现场监控视频，依法认定，该外国留学生实施了猥亵行为。② 警方依据《中华人民共和国治安管理处罚法》处罚。

《中华人民共和国治安管理处罚法》第 44 规定，"猥亵他人的，或者在公共场所故意裸露身体，情节恶劣的，处 5 日以上 10 日以下拘留；猥亵智力残疾人、精神病人、不满 14 周岁的人或者有其他严重情节的，处 10 日以上 15 日以下拘留。"但是，很多国家依据刑法对性侵者追究刑事法律责任。依据美国加州刑法典 243.4 条，"性攻击"又称为"性

---

① What are the penalties for Penal Code 242 PC? Simple battery under California Penal Code section 242—that is，battery that does not cause a serious injury，and is not committed a-gainst a law enforcement officer or other protected person—is a misdemeanor. The potential penalties include：Misdemeanor（summary）probation；Up to six（6）months in county jail；and/or；A fine of up to two thousand dollars＄2，000.

② 周琦. 河北工程大学外籍留学生猥亵他人，被邯郸警方拘留十日并遣送出境［EB/OL］. 经济网，2019 – 08 – 01.

侵"行为，该行为包括：①触摸另一人的隐私部位；②违反被触摸者意愿；③触摸者带有性兴奋、性快感以及性虐待等目的。与加州刑法典第261条不同，"性侵"行为不以行为人进行性交为条件。普通的性侵行为属于轻罪，根据案情的具体情况，行为人将被处以6个月以上一年以下的刑期，并处2000美元以下罚金（如果老板性侵自己的雇员，则要处以3000美元以下罚金）。① 日本《刑法》第174条规定，"公开猥亵行为者，处6个月以下的徒刑或30万日元以下的罚款。"

（三）网络欺凌案件

布兰东（Brandon）是一个平时比较内向，喜欢在宿舍打游戏的美国男孩儿，因为和其他同寝室的同学很少交流，同寝室的同学从来没见布兰东在公用浴室洗过澡，而且身体有一股"奇怪"的味道，所以大家就断定布兰东从来都不洗澡。久而久之，大家通过Facebook（脸书）给布兰东起了难听的外号。学校里的每个同学很快都知道了这件事儿，大家吃饭或上课的时候因为不想闻到"异味"而避开布兰东周围的座位，就连布兰东之前关系较好的朋友也渐渐疏远了他。每当有同学经过他身边时，即使他身上没有"异味"，某些同学偶尔也会掐住鼻子皱着眉头从布兰东身边走过。后来布兰东性格变得越来越孤僻，吃饭上课以及回宿舍都是一个人，并在不久后悄悄地转了学。

---

① Penal Code 243. 4 PC defines sexual battery⋯alternatively referred to as sexual assault⋯as：①touching the intimate part of another person；②against that person's will；③for the specific purpose of EITHER sexual arousal, sexual gratification, or sexual abuse. Unlike the California crime of rape under Penal Code 261 PC, sexual assault does not require that the offender engages in actual penetration or sexual intercourse. And it is important to understand that you can be convicted under California's sexual assault law even if you are involved with the accuser in an on‐going sexual relationship. Penal Code 243. 4 PC ‐ California Sexual Battery（Assault）Laws.

虽然均源自英文"cyberbully"，但有学者认为，"网络欺凌"不同于"网络暴力"，前者指利用微信、Facebook 等电子网络平台羞辱、丑化他人，后者指利用百度、谷歌等搜索功能，对意图打击对象进行"曝光"。

二、中外高校校园欺凌的治理

对于发生在高校校园中的欺凌事件，学校的管理者应当依法承担起第一责任人的义务，而不是将事件转交给警察或者请被欺凌者到法院起诉。学校管理者对所发生的校园欺凌案件依法负起管理责任是美国颁布《校园反欺凌法》的积极作用。网络时代，网络欺凌案件的数量在大学校园快速增长。网络欺凌不仅表现为学生之间利用网络的丑化、侮辱，而且学生利用网络攻击老师及其他高校员工的现象也时常发生。对此，哈佛大学互联网和社会中心的执行主任厄尔斯·加瑟先生认为，假如出现网络欺凌，那学校应该怎样做？教育行政管理人员和高校的教育专家应当提出一个方案。最重要的是，要让网络欺凌成为一个被谈论的话题。大学应当塑造这样一个氛围，就是如果教师或工人受到网络欺凌的影响，那么他将把这件事件公开地说出来，应当知道，这不仅仅是自己个人的事儿，而是我们所处这个时代的普遍的问题。加瑟先生指出，在一个组织机构（例如大学），应该有一个人，在师生遇到这样问题时可以打电话问他，"我能做什么？我们怎样才能一起合作解决这个问题？"而不是通过孤立的方式进一步伤害遭遇网络欺凌的人。研究学生在线攻击教师问题的加瑟先生相信，随着越来越多的在线互动，在网络时代成长起来的一代数字化原住民们，作为成年人，学校有责任保护自己的职员。①

据美国波士顿大学教职员援助办公室（Faculty and Staff Assistance Office，FSAO）的格德先生介绍，美国波士顿大学针对计算机网络伦理道德制定了专门的政策，禁止利用计算机网络传递攻击性、使人懊恼或骚扰性资料，而且向全校教职员们颁布了计算机网络伦理道德准则，对全校学生也颁布了类似的计算机网络的道德指引。在这个崭新的数码时代，波士顿大学正走在大学和学院的前列。据波士顿大学的研究表明，欺凌行为不会因为偶然的、以个案为基础的调查而被有效地阻止。波士顿大学力图在对案件进行正式的调查基础上，制定全面的制度性应对措施。②

---

① THE RULE BOOK, PLEASE. WHAT, IF ANYTHING, should a university do about cyberbullying? Urs Gasser, executive director of the Berkman Center for Internet and Society at Harvard University, says administrators and higher education experts around the country are trying to figure that one out. The most important step, he says, is to make cyberbullying an audible part of the campus conversation. "Universities should create a climate where, if teachers or workers are affected, they can speak up and know that 'it's not only me,' but a general problem of our time," Gasser says. "There should be a person within the organization they can call and say, What can I do, and how can we work together to resolve this issue? And not to further victimize the person by isolating them. " Gasser, who is researching student – on – teacher online attacks, believes that as more interaction takes place between "digital natives," those raised in the Internet age, and adults, the more responsibility schools will feel to shield their staff.

② Boston University does have a policy on computer ethics, and it forbids the transmission of offensive, annoying, or harassing material. There are also a code of ethics for faculty and staff and comparable guidelines for students. Guedj of the Faculty and Staff Assistance Office…In this brave new digital world, Guedj says, BU is ahead of most colleges and universities. Still, he'd like to see campuses offer a fully coordinated institutional response with a formal investigative structure.

小　结

　　出行安全、校外住宿安全、毒品安全教育、个人隐私以及个人信息资料保护等历来是中外高校对学生管理和教育的重点。校园欺凌案件在国内外大学校园均时有发生，其中网络欺凌、校园冷暴力对大学生身心健康的伤害正引起中外高等教育管理部门的关注，美国各州已立法规制校园欺凌现象。中国政府也对校园欺凌，特别是中小学发生的校园欺凌现象十分重视。为配合对我国高校中外大学生的安全教育，笔者尝试以实证研究的方式，借用大量真实的案例对安全教育的重点领域进行剖析，以增强本章节的可读性，希望以此提醒中外大学生牢固树立"安全第一"的理念。也以此为从事大学生安全教育的老师在对学生进行安全教育时，提供案例解析资料。

第八章

中外高校学生在深圳高科技企业实习工作法律制度

　　来华外国留学生实习方式与中国学生实习方式基本相同，主要有两种模式：一是由学校安排学生实习。即根据学校的教学计划，由学校联系企业，安排即将毕业的学生到企业与学生所学专业相关的岗位实习。由学校安排的实习通常时间为一个学期，也就是四个月左右，实习期间，实习学生应当完成一份实习报告。由于实习通常安排在学生大学毕业前的一个学期，因此实习又称为毕业实习。再者，实习是学校教学活动的一个组成部分，因此实习是计学分的。二是由企业招聘实习。对在校学生特别是即将毕业的大学生来说，由企业招聘实习显然更具吸引力，深圳高科技企业云集，对来自中外高校的实习生具有较强的吸引力。目前，很多高科技企业每年定期招收实习生，例如深圳华为、腾讯、大疆、华大基因等著名科技企业，每个科技企业根据自己业务发展需要招收实习生的数量、方式、实习安排、实习待遇等均有所不同。经过实习，某些科技企业会向在实习过程中表现优异的实习生发出工作邀请（offer），这些接到工作邀请的大学生（包括外国留学生），如果愿意与发出工作邀请的企业签订正式工作合同，那么他们将成为企业的正式员工。笔者的学生，例如来自喀麦隆的大树、来自吉尔吉斯斯坦的提姆等，在深圳大学完成本科或硕士学业后，通过应聘取得了在深圳高科技公司工作的机会。

第一节 深圳主要高科技企业国际化路径

2019 年深圳有 8 家世界 500 强企业。

排名	全榜单排名	公司名称	营业收入（亿美元）
1	21	中国平安保险（集团）股份有限公司	1842.80
2	49	华为投资控股有限公司	1243.16
3	91	正威国际集团	888.62
4	152	中国恒大集团	691.27
5	189	招商银行	572.52
6	197	腾讯控股有限公司	546.13
7	208	万科企业股份有限公司	532.53
8	442	深圳市投资控股有限公司	288.55

2020年《财富》世界500强深圳上榜企业排行榜

制图：中商情报网（WWW.ASKCI.COM）

上述 8 家世界 500 强企业中，除华为、腾讯外，其他均为金融、贸易、地产以及国有控股公司。华为是全球领先的 ICT（信息与通信）基础设施和智能终端提供商，是民营企业创新的典型标杆；腾讯拥有领先的技术积累和连接能力，构建了人工智能（AI）、大数据（Big Data）和云计算（Cloud Computing）为基础的 ABC 核心技术布局。此外，大疆、中兴、比亚迪、华大基因等深圳高科技企业虽然目前还不是世界500 强企业，但在各自产品技术领域具有非凡实力。其中，大疆致力于成为全球飞行影像系统开拓者，是全球领先的无人飞行器控制系统及无人机解决方案的研发和生产商，客户遍布全球 100 多个国家。华为、腾讯以及大疆作为深圳乃至中国当今高科技企业的代表，对在校大学生的吸引力是毋庸置疑的，对来华的外国留学生也有着巨大吸引力，"非歧视"是深圳高新科技企业对来华外国留学生的共同特点。例如某些深圳高新科技企业规定，不允许公司的中国员工对外籍员工所在国家政府的政治立场进行无端揣测，例如与外籍员工揣测该员工的国籍所在国政府是倾向中国政府还是其他国家。不允许对外籍员工抱有社会偏见，例如不允许对来自韩国的女性员工询问其是否整容。不允许话语中带具有国家歧视色彩的词语，例如对日本和韩国员工说"鬼子"和"棒子"。对有宗教信仰的外籍员工不可以拿出对信仰者具有侮辱性的物品，如对宗教领袖的画像进行涂鸦或者写带有贬损的词语等。

一、华为公司国际化路径

华为是全球领先的信息与通信解决方案供应商。在电信网络、终端和云计算等领域构筑了端到端的解决方案优势。华为的产品和解决方案目前已经应用于 140 多个国家，服务全球 1/3 的人口。2019 年华为全年实现销售收入超过 8500 亿人民币，同比增长 18%，其中智能手机发货量超过 2.4 亿台，PC、平板、穿戴为代表的终端产品 2019 年大幅度销量升级。截至 2018 年年底，华为全球员工总数 18.8 万人。华为的员工来自全球近 160 个国家和地区，作为国际化公司，华为积极推动海外员工本地化进程。员工的本地化有利于公司深入了解各地迥然各异的文化，促进当地人口的就业，为当地经济的发展提供帮助。2018 年，华为在海外聘用的员工总数超过 2.8 万人，海外员工本地化率约 70%。[①]

二、腾讯公司国际化路径

腾讯公司成立于 1998 年，由五位创始人共同创立。腾讯公司是中国最大的互联网综合服务提供商之一，也是中国服务用户最多的互联网企业之一。2018 年 6 月，世界品牌实验室（World Brand Lab）发布 2018 年《中国 500 最具价值品牌》分析报告。中国国家电网公司、腾讯公司、海尔公司以及中国工商银行、中国人寿保险公司位列前五名。而腾讯公司作为中国的民营企业，其品牌价值超过中国工商银行等国有金融企业，位列中国 500 最具价值品牌第 2 名，引人瞩目。腾讯公司业务范围涵盖社交（QQ、微信、微博）、金融（腾讯支付、腾讯理财通）、娱乐（游戏、动漫、腾讯影院）、咨询（腾讯网、天天快报）、工具（QQ 邮箱、腾讯地图、QQ 浏览器）、平台（腾讯云、开放平台）以及人工智能（AI LAB）等领域。

KakaoTalk 是一款韩国的"微信"，基于电话号码的短信信使服务，能够以实际电话号码来管理好友，借助推送通知服务，实现好友之间的通信服务。软件能够支持 12 种语言，其中包括英语、中文、法语、德语、意大利语等，完全免费。借助于 WIFI 或者移动 3G 网络，软件能够让您享受给其他全球任何一个国家的 KakaoTalk 用户免费发送简讯、照片、音讯、视讯的快乐，而无须任何国际通信费用。Kakao 公司的创

---

① 张里. 华为最新员工人数：全球员工总数 18.8 万，海外聘用超 2.8 万 ［EB/OL］. IT 时代网，2019 - 07 - 18.

始人是韩国人金凡秀（Kim Bum - Soo）。① 腾讯公司通过投资 Kakao 公司，目前是该公司第二大股东。Kakao 公司目前已经垄断韩国市场，正进军印度尼西亚、菲律宾、马来西亚等东南亚市场。② 在投资 KaKao 公司的前后，腾讯已经进入韩国游戏产业，韩国知名游戏公司 Nexon 也正与腾讯洽谈合作。③ 在进入韩国以及其他东南亚国家信息通讯以及游戏市场的前后，腾讯公司在美国硅谷、德国法兰克福、印度孟买、韩国首尔以及俄罗斯首都莫斯科等地设立数据中心，这些数据中心将为当地及赴当地投资的互联网企业提供计算、存储、网络、安全等优势基础云计算产品和大数据、人工智能等先进技术平台。为配合企业的全球化布局，腾讯公司在实习生招聘过程中注意选拔优秀的来华留学生。来自韩国的女学生刘恩周同学在深圳大学国际交流学院读大学三年级时参加了腾讯公司的校园招聘，后因表现优异，被腾讯公司聘用。

三、大疆公司国际化路径

大疆创新公司（简称大疆公司 DJI）2006 年成立，专注于无人机系统研发和生产，作为民用无人机企业的领导者，目前占据全球消费级无人机 70% 以上市场份额，销售额超过 300 亿元，大疆公司估值超过 100 亿美元。2015 年，大疆被《快公司》评为 2015 年消费电子行业全球十大最具创新力企业之一，居谷歌、特斯拉之后位列全球第三名。2017

---

① 孙立欣. KakaoTalk 创始人跻身韩国十大富豪之列［EB/OL］. 和讯创投，2014 - 09 - 30.

② 无忌. KakaoTalk 加速海外市场扩张 估值已达 30 亿美元［EB/OL］. 腾讯网，2014 - 06 - 23.

③ 吴晓宇. 强势出手! 腾讯计划入股韩国游戏公司 Nexon［EB/OL］. 中关村在线新闻资讯，2019 - 03 - 04.

年,《麻省理工科技评论》将大疆公司誉为"全球 50 大最聪明公司"的第 25 位。2018 年,大疆公司荣获 2019 IEEE 机器人与自动化大奖,这是中国企业在国际机器人学术领域收获的首次最高奖项。2019 年 6 月,大疆公司入选"2019 福布斯中国最具创新力企业榜"。大疆无人机 2013 年进入美国市场,2015 年占据了美国 50% 的无人机市场,2018 年,大疆占据近 80% 的北美市场份额。大疆负责售后的全球产品应用技术支持部门是大疆公司第三大部门,全球员工总数超过 2000 人,致力于为大疆全球客户提供专业有温度的服务,在美国、德国、荷兰、日本、澳大利亚等国家建有区域服务中心,通过电商、社交媒体、语音及 Chat、官网及 App、本地专业合作伙伴、行业现场服务、旗舰店服务等不同渠道,为客户带来优质的服务体验。随着公司业务规模不断扩大、业务变革持续深入,大疆售后意识到,培养一批技术服务嫡系部队是管理和业务推进的关键。为了吸收外部优秀人员、快速培养综合管理人才及业务专家,大疆售后推出了服务运营培训生项目,面向海内外高校招收优秀毕业生,通过周期约一年的业务轮训,为公司输出优秀人才。在项目期内通过 5 个核心部门轮岗学习,由 1 名业务导师和 1 名文化导师跟踪指导,了解售后工作各个模块,深入学习业务运营方法,有效汲取管理经验。

第二节　深圳主要高科技企业国际人才招聘及管理

数字化时代人才能力表现在 3 个方面:一是跨文化适应能力。具有不同文化背景、跨文化的人际资源。二是快速学习能力。迅速将过去的经验教训应用到新的甚至第一次遇到的场景。三是极高的情绪控制能力。阅读他人，并与之相处，高情商。

一、华为公司国际人才招聘及管理

华为公司以"狼性文化"为核心的企业文化在华为的创业阶段起到了非常重要的作用。"狼性文化"代表"敏锐的嗅觉、不屈不挠、奋不顾身的进攻精神、群体奋斗"的重要特征，公司的要求从管理层到各个员工之间都产生一种凝聚力量和激励功能。① 华为的"狼性文化"通常概括为学习、创新、获益、团结。用狼性文化来说，学习和创新代表敏锐的嗅觉，获益代表进攻精神，而团结就代表群体奋斗精神。

（一）华为公司人才管理

作为拥有将近 20 万名员工的跨国公司，选拔和培养人才是华为人才管理的核心。目前，华为公司已经探索出一条科学的选拔和管理人才的路径。1. 员工底部管理。试用期淘汰或者调岗的人员比例不能低于 20%，因为国际上人才招募识别率的上限是 80%。如果不坚持这个基本比例，企业人力资本的投资回报率一定会降低。2. 员工的顶部管理。工作 1 - 3 年的员工，正是人力资本投资回报率由负转正的关键阶段（华为是 2 年时间左右）。一般来说营销人员偏短，研发人员偏长，小企业偏短，大企业偏长。要将入职 1 - 3 年的员工强制地选出顶部的 30%。3. 员工退出机制。中国企业人才管理上的三个老大难问题就是：进来容易出去难，上去容易下去难，岗位有序轮换也很难。这样就造成了人才"板结"或称"流动性缺失"。华为公司认为，人才的流动性比

---

① 侯明璐. 论华为的"狼性文化"［J］. 辽宁教育行政学院学报，2008（1）.

资本的流动性更重要，因为人力资本比财务资本更有价值，只有让人才流动起来，才能实现人才的动态最优配置，从而发挥出人力资本的最大效能。因为一定会有一些不良资产流入企业，它所造成的损失不是个体成本，而是组织效能下降的高昂代价。

（二）入职华为的笔试与面试

华为公司的招聘包括校园招聘与社会招聘，应聘者通过华为公司官方网站的 career. huawei. com 接口投递简历。如果学生应聘，华为公司将学生分为"应届生""实习生"和"留学生"。如果属于留学生，那么华为公司网站上会列出可以提供职位的种类以及所属国家供应聘者选择。华为公司面试可以细分为"群面""技术面"以及"综合面"等种类。在华为的面试体系中，华为公司将应聘者的专业素质项细分为责任心、原则性、成就导向、目标导向、坚韧性、严谨细致、全局观、创造力、商业思维、决策能力、团队协作、客户导向、人际理解、沟通表达、组织协调领导能力、学习能力、系统思考、逻辑思维前瞻性、信息收集、诚实正直、开放包容、关系建立、审美能力等 20 多种。并根据经验情况设置不同的面试问题参考题库。华为从 1998 年开始采用 STAR（S - Situation 情景、T - task 任务、A - action 怎样行动、R - result 结果。STAR 是一种结构化的行为面试方法，经过反复锤炼，面试人员掌握了这套技能，可以有效杜绝大部分面试人员拍脑袋录取应聘者的做法，使一般企业的人才识别率提升到 60% 以上。STAR 法则的具体用法是：回答问题的时候，给面试官营造一个情景（Situation），例如面试官介绍了某种产品在某地销售过程中遇到的特殊困难，要求被面试者提出自己的解决方案，然后要求被面试者回答自己在处理这个销售难题时的任务是什么（Task）、如何行动（Action），最后通过你的努力，将取得什么结果（Result）。STAR 面试举例，首先请被面试者举例说明自己在工作中精益求精的事例：1. 当时是怎样的情况？情景描述（Situation）。应聘者当时要完成的任务是什么？任务介绍（Task）。2. 应聘者要达到的正常标准是什么？应聘者是否在追求更高标准？应聘者完成的任务到达什么水平？3. 应聘者当时是怎样完成该工作的？考察应聘者的执行力（Action）。4. 应聘者这样做是出于什么想法呢？考察应聘者行为的结果和成就动机（Result）。你经常以这种方式工作吗？考察是否为常规行为。华为公司希望应聘者具有常规性的事例，以便判断应聘者到公司后的真实表现。

二、腾讯公司

"用户为本，科技向善"是腾讯公司的企业文化，正直、进取、协作、创造是腾讯公司坚持的价值观。腾讯公司将自己定位于互联网的基础服务商，提供用户连接服务，腾讯公司精耕 QQ、微信的社交属性，并且非常注重用户体验。"科技向善"就是争取用户价值与社会福祉的最大化。

（一）腾讯公司人才管理

腾讯公司认为，一家科技公司的产品与服务在满足一部分用户的同时，不能给更多用户与社会制造新的问题。一家科技公司的长远价值，则要看它的产品与服务是否有助于用户价值与社会福祉的最大化而不是短期的商业价值。腾讯公司人才管理理念包括关心员工成长，强化执行能力，追求高效和谐，平衡激励约束。具体表现在以下 2 个方面：

1. 培养员工。腾讯公司在毕业生招聘时，注意发掘有思想、爱学习、有培养前途的好苗子。毕业生进入公司后，努力培养新员工产品思维能力、创新能力、策划能力以及客观意识。不仅是对新入职员工，腾讯公司对公司基层、中层甚至高层干部也有培训计划。基层后备干部培养称为"潜龙计划"，中层干部培养称为"飞龙计划"。而"新攀登计划"则针对专业技术人员晋升专家的后备培养计划，为公司管理人才与技术人才设计了不同的上升通道。

2. 激发员工创新创业热情。（1）腾讯公司内部采取工作室模式的组织架构，通过内部组织架构创新激发员工创新创业热情，这种全新架构使腾讯员工觉得，离开公司创业单干，不如在工作室创业。每个工作室都有用人权、考核权、财务权、激励权以及是否追求资源权，工作室类似小公司，这种模式令员工每天都处于一种创业激情的状态，激发了公司创新的内在活力。①（2）活水计划。只要员工本人发起辞职，又有单位接收，其所在单位必须在 3 个月之内无条件放人。通过这种方式，极大地支撑了这个事业群的快速发展。人才活水政策的最大特点是在整个公司内盘活人才，人尽其才。②

（二）腾讯公司校园招聘与实习生招聘

应聘者可以通过腾讯公司官方网站端口投递简历。此外，在北京、上海、广州、深圳等一线城市每年都会有专场校园招聘会，在规定时间投递简历后会有相应的通知。2020 年，腾讯公司"校园招聘"面向2019 年 9 月到 2020 年 8 月的毕业生，中国国内院校以毕业证，港澳台以及国外院校以学生的学位证记载时间为准。2020 年校园招聘的工作岗位包括技术类、产品类、设计类以及市场类等多种类型。其中技术类

---

① 李全伟. 腾讯人才管理真经 人选对了其他就几乎都对了 [N] . 企业家日报，2016 – 01 – 05.

② 张信宇. 为什么腾讯也学阿里开始高管轮岗了 [EB/OL] . 搜狐，2019 – 06 – 14.

工作岗位又细分为软件开发、技术运营、安全技术、软件测试以及技术研究等。腾讯公司实习生招聘包括暑期实习、MINI 实习以及日常实习三种方式。其中暑期实习是腾讯公司常设的实习方式，实习期限一般长达 2 个月以上，与华为等中国著名高科技企业一样，腾讯公司暑期实习岗位向国内外高校在校学生开放，且具有高度的竞争性，应聘者首先要在规定时间通过在线笔试，然后经过面试后才能走上实习岗位，而面试通常包括：群体性面试、导师（mentor）面试、总监面试、人力资源（human resource 简称 HR）面试等环节。文秘等辅助性实习岗位通常是数十个报名者录取一个，技术性实习岗位通常上百个应聘者录取一个。腾讯公司对具有技术、市场营销专长的应聘学生设置了"提前批制度"。如果确实具有腾讯公司在技术、市场营销方面急需的特殊才能的应聘学生，将通过"提前批制度"这一快速通道进入腾讯公司的实习岗位。对于面试，腾讯公司非常注重细节，例如面试时，应聘者填写的《人才登记表》，腾讯公司面试人员通常从五方面进行解读。1. 字迹。如果字迹潦草，涂改 3 处以上，表明应聘者比较粗心，甚至不排除经历履历说谎的嫌疑。2. 完整性。如出现两处以上空白，且空白并非保密的原因，表明应聘者态度比较随意，忠诚度较差。3. 匹配度。如果应聘者 30 多岁仍未做到中层管理岗位，则应聘者的发展潜力不足。若对目前薪酬和期望薪酬有较大差异的，可初步判断此人有较强工作动机且就职意愿较强。4. 经历。在一家企业工作 2 年为合格，1 年内出现 1 次以上跳槽，可视为稳定性差或工作能力不能胜任目前工作，需要慎重考虑；如果几次工作异动都是跨行业的，那么该应聘者职业规划、自身定位比较模糊；若是知名企业到不知名企业，职务和收入层次一样，可能是能力水平有问题。5. 真实。看招聘网站下载简历与实际填写《人才信息登记表》同类信息是否匹配,不放过一丝一毫的小细节。①

三、大疆公司

大疆公司创始人汪滔的座右铭是"激极尽志 求真品诚",公司勉励员工充满激情地去追求极致和实现志向,不被外部虚像干扰诱惑,真诚而踏实地做好事业。② 大疆公司认为,"尊重梦想,追求纯粹",希望以梦想为动力,开辟创新、拼搏、极致的净土,吸引和影响更多志同道合的人。

(一)大疆公司积极为创新人才成长创造条件

大疆公司认为,创新是大疆的灵魂,人才是实现创新的原动力。为使大疆公司人才能够更加自由发挥自己的才干:一是大疆公司努力为员工营造了极为宽松的内部氛围。大疆公司内部没有明显上下级之分,岗位和职级在大疆公司不意味着权利和限制。二是为了鼓励员工创新创业。大疆公司构建了内部创业机制,如果某个员工有好想法,可以独立单干,只要员工有创新想法或建议,并通过公司内部的评审,公司就愿意投入相应的资源,鼓励员工去尝试和挑战。公司不仅照发工资,而且还会在人员上给予支持。如果尝试和挑战成功了,公司会入股这一新的企业。三是宽容失败。大疆公司员工创新创业万一失败,员工则继续回大疆公司上班。为了打造优异的机器人,从 2015 年,大疆就发起并承办了 RoboMaster 全国机器人大赛,并且每年都为该赛事投入超过 7000万元,吸引大批年轻人加入,培养工程技术精英,助推全社会科技热

---

① 马化腾. 管理的四大精髓,你都知道几个?[EB/OL]. 搜狐,2019 – 06 – 18.
② 严圣禾. 汪滔:打造世界级的无人机公司[N]. 光明日报,2015 – 05 – 07.

潮，努力将深圳打造成"中国硅谷"。

（二）大疆校园招聘

应聘者可以通过大疆公司官网端口投递简历。大疆公司校园招聘程序一般包括以下 4 个方面：1. 简历投递。要求应聘学生在大疆校招官网 PC 端注册用户、填写简历并选择意向岗位进行投递。针对开放的岗位，每位应聘学生限投递 1 个岗位，投递之后将无法更新已投递的内容。众多的无人机产品通常都涉及图像处理算法、视频算法、通信算法、音频算法、感知算法、导航算法等细分的技术领域，因此在无人机行业从事算法岗位，未来会有非常多元和广阔的发展空间。笔者曾经教过的两名外国留学生因为通晓俄语、吉尔吉斯语、英语、汉语等多种语言，执迷于无人机的研究和技术开发，也因此获得大疆公司的工作邀请。2. 初筛及复筛。初筛及复筛环节包含人力资源（HR）筛选、在线测评和部门筛选（部分岗位包含笔试环节），HR 及用人部门将会结合同学们的专业背景、项目经历、实习经历等维度综合进行评估。在线测评通常包括计算题、逻辑题、大疆公司发展现状、企业文化、应聘者个人性格等。大疆公司希望通过校招能够发现充满激情和勇敢面对挑战的青年精英。3. 面试。大疆公司将结合同学们的实际情况，安排现场面试、电话面试或视频远程面试等。据参加过大疆公司校招面试的同学回忆，大疆公司的面试题目并非一成不变，通常包括技术面试、心理压力测试等内容。4. 结果反馈。面试环节结束后，HR 通常会在每年 9 月中旬左右以邮件或电话的形式，向应聘者反馈最终结果。

第三节 深圳主要高科技企业实习条件和待遇

一、实习项目

从技术类来看，项目可以是 Android 或 Window 系统或其他软件开发业务。如果是管理类岗位，例如到人力资源部实习，腾讯公司人力资源项目可能包括：1. 公司内部招聘的运营，包括内部招聘专案的制作与推广、内部招聘论坛的运营管理、内部招聘运营快报的制作（数据的统计分析、用户反馈的收集）、内部招聘文化的宣导等。2. 社会招聘工作，包括收集简历、面试安排、招聘资料统计分析等。3. 其他项目型工作，例如访谈信息的整理分析、数据统计与分析等。某些高科技公司不仅向社会公开招聘人才，而且公开向公司内部员工发布招聘信息，为那些在公司内部工作满一定年限的员工提供内部转岗的机会，目的是充分调动内部员工的工作积极性，为公司内部员工提供多种工作选择的机会。

二、实习生导师

华为、腾讯等深圳高科技企业都为实习生配备了导师，实行一对一的指导和师徒帮助制度。华为建立了一套有效的导师制度，帮助新员工尽快适应华为。部门领导为每一位新员工指派一位资深员工为其导师，为其答疑解惑，在工作生活等方面进行帮助和指导，包括对公司周围居住环境的介绍，及帮助他们克服刚接手工作时可能出现的困难等。在新员工成为正式员工的 3 个月里，导师要对新员工的绩效负责，新员工的绩效也会影响到导师本人的工作绩。①

　　华为的实习生认为，导师对自己的悉心培养是工作中最满意的地方，华为实习生们对工作上同事或导师给与自己的认可十分重视。② 作为新来的实习生，在腾讯公司刚开始会感到陌生和新奇，工作中可能会有很多问题要请教导师，但是应该做好思想准备。1. 要善于培养独立工作能力。跟导师学习只是独立工作的前置阶段，要培养独立工作能力，遇到问题首先尝试自己解决，如果实在解决不了，再向导师请教。因为导师除了帮助实习生外，自己也有很多工作要做。再者，每件事都请教导师，也会形成对导师的依赖，不利于培养自己独立工作能力。一个比较好的方法是，自己遇到实在解决不了的问题，先记录下来，放在一边先做自己能做的事情，等导师空闲时，将自己事先记录的几个问题一起向导师请教。2. 要善于与导师沟通。某些术语、概念在公司有公司的说法，而在学校可能又是一种说法，有时候导师说的东西自己会一时没反应过来是什么意思，不过还是要打破沙锅问到底，不清楚再次问。3. 要有刨根问底的精神。不要因为自己的问题很简单，不敢问别人。自己真的解决的不了的问题，在团队中都是必须及时提出来的，不能硬撑，不然很可能出现由于个人因素而导致了团队的事故。③

三、实习生培训及待遇

　　华为、腾讯公司都有自己的内部教育培训机构，也就是华为大学和腾讯大学。

---

① 华为大学［EB/OL］. 教育技术通讯.
② 在华为实习的那些事儿［EB/OL］. 搜狐，2017 - 07 - 22.
③ 孙立庆. 一名实习生在腾讯公司的感受［EB/OL］. 博客园，2013 - 11 - 24.

（一）华为公司培训制度

华为大学成立于 2005 年，为帮助新员工尽快适应公司文化，对新员工进行企业文化、产品知识、营销技巧以及产品开发标准等方面培训。针对不同的工作岗位和工作性质，培训时间为 1 - 6 个月不等。华为还拥有完善的在职培训计划。华为大学根据员工职业资格、级别及类别的不同安排不同的培训计划。此外，华为大学还设有能力与资格鉴定体系，对员工的技术和能力进行鉴定。无论是华为还是腾讯，都强调创新的重要性，都强调学习与培训，都强调请公司有实际经验的员工带头介绍自己的经验。正如华为公司总裁任正非先生所说，让一线有实践经验的老员工飞回来讲案例，保证培训效果；装机实习不限定地区，哪里有条件就在哪里做；要加强技能考核，要强调背标准，先知其然，迅速上岗干活，有时间再知其所以然。培训要靠自我培训，灌输性培训不是长久之计，最优秀最杰出的人都是靠自我培训出来的。[1]

（二）腾讯公司培训制度

2014 年，腾讯大学成立，设有微信学院、电商学院、开平学院、互联网学院。腾讯 CEO 马化腾先生认为，每一个企业家都应有"归零"的心态。互联网属于不断快跑的行业，没有所谓的终极彼岸，过去无论多么成功的企业，如果不能拥有持续创新的基因，没有面向未来的敬畏和恐惧，一定会倒在历史的尘埃里。[2] 为激烈员工互相学习，腾讯大学邀请腾讯公司自己的技术专家开设讲座，分享经验，在相互交流中，腾讯员工既是总监、经理、导师、实习生，同时又是腾讯大学的同班同

① 黄为伟. 根据任正非思想集摘编 [EB/OL]. 搜狐，2017 - 06 - 08.
② 李静. 移动互联网时代广播媒体的创新策略 [J]. 中国广播，2014（3）：14 - 18.

学。彼此同学相称，拉近了人与人之间在公司的距离，营造了共同学习、持续创新的氛围。

（三）华为、腾讯公司实习生生活待遇

华为、腾讯、大疆等高新科技公司为实习生提供优越的物质条件。以腾讯公司为例，实习生的生活及后勤保障包括以下内容：1. 实习生薪资补贴。腾讯公司依据实习生在实习岗位的性质和工作内容，给实习生提供相对优厚的薪资，包含住宿补贴、交通补贴等。其中住宿补贴是特地为非深圳本地高校的实习生提供的。2. 班车接送。为使员工以及实习生上下班更为便捷，腾讯公司根据员工住址的区域进行班车路线的设计。腾讯公司的班车目前能满足公司85%员工的乘车需求，如果有员工住所比较偏远，公司内能够凑齐5名以上员工，就可以单独开设班车路线。3. 实习生文体活动。腾讯公司组织员工利用业余时间参加舞蹈、音乐、篮球、足球、羽毛球、桌游、戏剧社等数百种文体活动，丰富员工业余生活。此外，公司还组织新年晚会、腾讯文化日（11月11日）、年度团队建设等各种庆祝以及纪念活动。4. 实习生旅游。每年4月初，腾讯公司组织员工外出旅游，通常由各部门自己组织，各部门可以从多个旅游线中选择一个本人想去的旅游目的地，由公司提供旅游假期和旅游经费。5. 实习生健康。腾讯公司十分关心员工身心健康，专门聘请有15年以上行医经验的医学专家、国家级心理咨询师，在员工及其家人有需要的时候，提供一对一的私密性心理咨询，提供心灵减压仓、健康咨询室、关爱大讲堂、名医问诊等多种形式的心理和身体健康帮助。6. 员工餐厅。腾讯公司邀请业内合作伙伴为员工提供卫生营养的中式快餐、西式快餐、咖啡饮品、自助餐等便捷的用餐服务，员工餐厅就餐环境舒适、整洁。7. 节假日福利。腾讯公司的节假日按照国家法定节假日规定休假。此外，每年还有十几天的年假。

四、实习生应注意的问题

（一）保护公司的商业秘密

侵犯商业秘密的行为应依法承担民事违约责任或民事侵权责任；当侵犯商业秘密行为构成不正当竞争行为时，依法应当由经营者承担行政责任；情节严重，构成犯罪时，则应当承担刑事责任。[①] 商业秘密是指不为公众所知悉、具有商业价值并经权利人采取相应保密措施的技术信息、经营信息。具有秘密性、保密性和商业价值的技术信息才能被法律当作技术秘密来保护。技术秘密保护的是某些特定的技术信息，一个公司的技术秘密是能够区别于其他企业的技术内容，如技术方法、工艺、配方、数据、工序、图纸、计算机软件等，或者是专用设备、仪器等。

---

① 《中华人民共和国刑法》第 219 条规定，侵犯商业秘密给商业秘密的权利人造成重大损失的，处 3 年以下有期徒刑或者拘役，并处或者单处罚金；造成特别严重后果的，处 3 年以上 7 年以下有期徒刑，并处罚金。此外，根据刑法第 220 条的规定，单位也可以成为侵犯商业秘密罪的犯罪主体。单位犯侵犯商业秘密罪的，除对单位判处罚金外，直接负责的主管人员和其他直接责任人，也应当依照刑法第 219 条规定追究刑事责任。《中华人民共和国民法通则》第 118 条规定，"公民、法人的著作权（版权）、专利权、商标专用权、发现权、发明权和其他科技成果权受到剽窃、篡改、假冒等侵害的，有权要求停止侵害，消除影响，赔偿损失。"这里所指的其他科技成果就包括技术诀窍、工艺配方等商业秘密。依法追究侵权责任包括两项内容：一是申请法院颁发禁止侵害令，禁止侵害令又分临时禁止令和长期禁止令。临时禁止令一般在诉讼过程中发出，长期禁止令一般在案件审结裁决时发出。二是请求赔偿损失。即要求侵权者赔偿权利人因商业秘密被侵犯所遭受的损失。《中华人民共和国反不正当竞争法》第 10 条规定："经营者不得采用下列手段侵犯商业秘密：（1）以盗窃、利诱、胁迫或者其他不正当手段获取权利人的商业秘密；（2）披露、使用或者允许他人使用以前项手段获取的权利人的商业秘密；（3）违反约定或者违反权利人有关保守商业秘密的要求，披露、使用或允许他人使用其所掌握的商业秘密。"

技术秘密的保护范围包括两种：一是一个完整的技术方案。作为技术秘密的技术信息可能是一个完整的技术方案，即解决某个技术问题的全套技术方案，如整个的生产工艺、方法或整个的专用设备的技术资料等。二是关键点。作为技术秘密的技术信息也可以是某个完整的技术方案中的一部分，即其中的关键技术，如最佳的配方、最佳的控制点、最佳的一个操作步骤等。虽然不是全套技术方案，但却是全套技术方案中的一个最重要步骤。法律上技术保密措施：1. 与知悉或者可能知悉、接触商业秘密信息的员工或者第三人签订保密协议。2. 建立系统、详细的保密制度，并对全体员工公示。3. 设定警示区域、警示标记、加设门卫等方式，对员工、来访人员的活动区域加以限制。4. 在涉密信息资料、文件、图纸上打印密级标记，明示未经允许禁止"访问"。

（二）遵守公司的纪律

公司纪律主要指公司的工作纪律，例如不迟到、不早退，按时完成工作任务。

到华为、腾讯等中国高科技公司实习，应遵守公司的保密纪律，例如有的高科技公司将办公区划分为红、黄、蓝、绿等不同区域，按照公司保密纪律要求，进入红、黄、蓝办公区域必须经过批准和检查，又如有的高科技公司规定，在某些特定办公区域，不准拍摄照片等。还有某些高科技公司依据中国《劳动合同法》的规定，要求与入职的员工签订保密协议。①

五、案例

(一) 案情摘要

美国礼来公司（以下简称礼来公司）系全球知名的制药企业，礼来中国（研发）有限公司（以下简称礼来中国公司）是礼来公司集团的全资子公司，负责在华医疗、药物产品的研发及技术服务。2012 年 5 月，礼来中国公司与黄孟炜签订《劳动合同书》，聘用黄孟炜从事化学主任研究员工作。根据《劳动合同书》的约定和相关培训要求，黄孟炜必须遵守《员工手册》《保密协议》《商业行为准则》以及《关于电子资源使用的全球政策》等公司规章制度。2013 年 1 月，黄孟炜违反公司规章制度，从礼来中国公司的服务器上擅自下载了 21 个礼来公司的技术秘密文件，并将上述文件私自存储至其个人所拥有的电子存储装置中。经交涉，黄孟炜承认从公司服务器上下载了上述保密文件，并同意公司检查其个人装置，以确定保密文件的信息没有对外泄露或使用，还授权公司删除这些信息。但此后黄孟炜却未履行承诺的事项。故礼来公司和礼来中国公司诉至法院，请求判决被告黄孟炜立即停止侵害原告

---

① 《劳动合同法》第 23 条规定，用人单位与劳动者可以在劳动合同中约定保守用人单位的商业秘密和与知识产权相关的保密事项。对负有保密义务的劳动者，用人单位可以在劳动合同或者保密协议中与劳动者约定竞业限制条款，并约定在解除或者终止劳动合同后，在竞业限制期限内按月给予劳动者经济补偿。劳动者违反竞业限制约定的，应当按照约定向用人单位支付违约金。第 24 条规定，竞业限制的人员限于用人单位的高级管理人员、高级技术人员和其他负有保密义务的人员。竞业限制的范围、地域、期限由用人单位与劳动者约定，竞业限制的约定不得违反法律、法规的规定。在解除或者终止劳动合同后，前款规定的人员到与本单位生产或者经营同类产品、从事同类业务的有竞争关系的其他用人单位，或者自己开业生产或者经营同类产品、从事同类业务的竞业限制期限，不得超过 2 年。

商业秘密的行为，并赔偿原告经济损失以及合理费用共计人民币 2000 万元。两原告还于同日提出行为保全申请，请求法院责令被告不得披露、使用或者允许他人使用从原告处盗取的 21 个商业秘密文件。被告黄孟炜辩称，原告主张保护的技术信息不构成商业秘密；原告对雇员转存技术信息的行为没有任何限制，被告侵权行为不成立；被告的行为对原告没有造成实质性损害，原告无实际损失。

（二）裁判结果

上海市第一中级人民法院经审理认为，原告行为保全的申请符合《中华人民共和国民事诉讼法》第 100 条的规定，遂裁定禁止被告黄孟炜披露、使用或允许他人使用两原告主张作为商业秘密保护的 21 个文件。涉案 21 个信息文件涉及原告为了开发治疗糖尿病以及癌症等其他疾病的药物所做的研究，包括多项化合物的化学结构、数据、有价值的生物靶点、活性信息、未来研究的提议等内容，不为相关公众所知悉，能够帮助药品研发企业取得市场竞争优势，具有商业价值，且原告采取了限定知悉人员范围、对文件采取加密措施、标注保密标志、监控文件阅看及下载情况、与员工签订保密协议、进行保密培训等多种有效的保密手段，构成《中华人民共和国反不正当竞争法》所保护的商业秘密。被告违反公司规章制度，擅自将原告的技术秘密文件下载及转存于其个人所有的电子设备之中，且未履行承诺，配合原告删除上述技术秘密文件，使原告的技术秘密存在着失控的风险，构成商业秘密侵权行为，依法应当承担相应的民事责任。鉴于原告未能提供证据证明其因被告的侵权行为而遭受实际损失，故对原告赔偿损失的主张不予支持。据此判决被告黄孟炜于判决生效之日起停止侵害原告的技术秘密，即删除其所获取的 21 个信息文件，并不得披露、使用或者允许他人使用直至该技术秘密为公众知悉时止；支付原告合理费用人民币 120000 元；驳回原告其余诉讼请求。判决后，双方当事人均未提起上诉，一审判决发生法律效力。①

第四节　来华外国留学生或外籍人才
在中国企业实习工作制度

改革开放以来，我国经济、政治、文化、社会等各个方面都发生了翻天覆地的变化，特别是与国外的交流与合作日益频繁。随着"一带一路""粤港澳大湾区"战略的提出，中国更加吸引世界各国人民的关注，越来越多的外国人选择来中国就业。2018 年中国累计发放外国人才工作许可证 33.6 万份，在中国境内工作的外国人已经超过 95 万人。2015 年 12 月，国务院行政审批制度改革工作领导小组办公室下发《关于整合外国人来华工作许可事项意见的函》，决定将"外国人入境就业许可"和"外国专家来华工作许可"整合为"外国人来华工作许可"，由国家外国专家局负责组织实施，地方政府结合实际参照执行。2016 年 11 月，中共中央和国务院下发《关于加强新形势下引进外国人才工作的意见》，提出"整合外国人才引进管理服务资源，优化机构与职能配置，建立统一、权威、高效的外国人才管理体制"。

---

① 上海市第一中级人民法院（2013）沪一中民五（知）初第 119 号民事判决书［EB/OL］．中国法院网，2014 - 04 - 24.

一、来华外国留学生或外籍人才的中国企业聘用与管理制度

（一）中国的外籍人才分类管理制度

自 2017 年 4 月 1 日起，被授权单位一律凭《中华人民共和国外国人工作许可通知》为申请来华工作人员审发《被授权单位邀请函》或《邀请确认函》。并将来华工作外国人分为三类：

A 类：外国高端人才。外国高端人才是指符合"高精尖缺"和市场需求导向，中国经济社会发展需要的科学家、科技领军人才、国际企业家、专门特殊人才等，以及符合计点积分外国高端人才标准的人才。外国高端人才可不受年龄、学历和工作经历限制。B 类：外国专业人才。外国专业人才是指符合外国人来华工作指导目录和岗位需求，属于经济社会发展急需的人才，具有学士及以上学位和 2 年及以上相关工作经历，年龄不超过 60 周岁；对确有需要，符合创新创业人才、专业技能类人才、优秀外国毕业生、符合计点积分外国专业人才标准的以及执行政府间协议或协定的，可适当放宽年龄、学历或工作经历等限制。C 类：其他外国人员。其他外国人员是指满足国内劳动力市场需求，符合国家政策规定的其他外国人员。

（二）外籍人才就业许可证的申请条件

中国公司、企业、学校等招聘外国人的前提条件是取得外国人就业许可：①依法设立，无严重违法失信记录；②聘用外国人从事的岗位应是有特殊需要，国内暂缺适当人选，且不违反国家有关规定的岗位；③支付所聘用外国人的工资、薪金不得低于当地最低工资标准；④法律法规规定应由行业主管部门前置审批的，需经过批准。外国人就业的条件是年满 18 周岁；具有专业技能和工作经历；无犯罪记录；有确定的聘用单位；持有效护照。外国人和用人单位都必须按照法律法规的具体要求进行，不得擅自改变用人单位，若要变更，须办理变更手续。此外，规定了外国人和用人单位违反法律规定，不仅有罚款、遣送出境，甚至可以转交司法机关追究刑事责任。

（三）外籍人才签证管理制度

2013 年，中国政府颁布《中华人民共和国外国人入境出境管理条例》规定，对我国需要的高水平管理人才和紧缺的科技人才签发的工作签证使用"R 字签证"。2017 年，中国外交部、公安部以及外国专家局共同出台了有关外国人才签证的实施办法，由三个部门对外国人入境就业信息施行共享制度，共同对 R 字签证的签发进行管理，制定了部门之间互认的 R 字签证标准。外国人持有我国签发的 R 字签证则可向用工单位所在地的政府主管部门申请外国人工作许可及其他合法就业所需的批准。外国专家局出台针对外国人来华工作许可申请的服务指南，外国人申请在华工作许可和用工单位聘请外籍员工的一系列行政审批流程都有了明确的规定。该文件规定用人单位申请外国人到华工作，应在外国专家局网站上的管理服务系统中进行线上申请和核批。普通的外籍劳动力和高端的人才在审批时适用不同的期限规定。《外国人工作许可证》背面设置有二维码，借助信息技术，管理机关通过扫描凭证的二维码就可以了解该外国人在华就业的有关信息。外国人在华就业只能取得一个许可证，采取一人一证的管理方式，有利于管理部门更高效地对外国人在我国境内的工作情况进行及时全面的掌握。

二、外籍人才管理制度的改革及完善

2019 年 8 月，公安部公布在全国范围内推广复制促进服务自由贸易试验区建设涉及移民与出入境便利的政策。①

（一）外国人才及配偶、未成年子女在华申请永久居留权

对外籍高层次人才、有博士学历或长期在国家重点发展区域工作的外籍华人、有重大突出贡献以及国家特别需要的外国人才、符合工资性年收入标准和纳税标准的长期在华工作的外国人，提供申请办理在华永久居留便利，符合上述条件人员的外籍配偶和未成年子女可随同申请。

（二）签发2-5年长期签证及居留许可

为来华经商、工作、研学的外国人签发长期有效的签证和居留许可。对国内重点高等院校、科研院所、知名企业邀请来华从事技术合作、经贸活动以及在华工作的外籍人才，包括外籍高层次人才工作团队成员及辅助人员，签发2-5年有效的签证或居留许可。

（三）拓宽外国人才引进对象范围

为外国优秀青年在华创业创新提供服务，对在国内重点高等院校、国际知名高校毕业的外国优秀学生在华创新创业、国内知名企事业单位邀请来华实习的外国学生，提供办理签证和居留许可政策支持和便利服务。这项政策有助推动深圳华为、腾讯、大疆以及其他高新科技企业吸引外国留学生到中国实习和工作。在国内重点高等院校、科研院所和知名企业工作的外籍高层次人才，经工作单位和兼职单位同意并向公安机关出入境管理部门备案，可兼职创新创业。新规要求在国际知名高校毕业的外国学生，毕业后2年内来中国创新创业的，可凭学历（学位）证明等材料，向公安机关出入境管理部门申办有效期2年以内的居留许

---

① 杨泽坤．公安部制定服务经济社会发展服务群众服务企业60项措施 在全国范围内推广复制促进服务自贸区建设12条移民与出入境便利政策［N］．中国日报，2019-07-17．

可。此外，国内知名企业和事业单位邀请来中国实习的境外高校外国学生，凭邀请单位函件和高校就读证明等材料，可向公安机关出入境管理部门申办有效期 1 年的签证进行实习活动。根据政府间协议来华实习的境外高校外国学生，可按规定申办工作类居留许可。

（四）提高外国人服务管理水平

探索在外国人较集中地区建立移民事务服务中心（站点），为常住外国人提供政策咨询、居留旅行、法律援助、语言文化等工作学习生活便利服务。

第五节　中国政府加强对外籍人士非法就业问题的治理

长期以来，中国东南沿海城市的人平均工资水平已经高于周边国家或地区，中国的工资水平对境外劳务人员产生较大的吸引力。中国东南沿海城市外国人非法入境、非法居留和非法就业问题（下称"三非"问题）较为严重，有的外国人是自愿来到我国境内非法就业，有的外国人是被人拐骗到我国境内进行非法就业，也有以求学、旅游等名义到中国非法就业的现象。

一、外籍人士在华非法就业种类

《中华人民共和国出境入境管理法》规定，外国人非法就业是指未依照相关规定获得工作许可以及工作居留证，便在中国境内实行就业的外国人；实际就业情况超过就业许可证规定的就业范围的情况；外国留学生没有严格遵循勤工助学的相关管理规定，在突破原有岗位或时间限制的状况下在我国境内为用人单位提供非法劳务的情形。外国人非法就业包括以下3种：1. 非法入境者的非法就业。个别外国人通过持有伪造、变造的旅行证件入境我国或直接偷越我国边境进入我国，这些外国人不仅不法入境，而且不具有居留证以及工作证，无权在中国工作及生活。2. 合法入境的状况下，由于签证过期等原因导致非法居留以及非法就业。3. 入境以及居留均合法的情况下出现的非法就业。例如持旅游签证入境的外国人在私人设立的语言补习班为儿童教授外语，以及持学生签证的外国留学生非法到中国的酒吧、餐厅演出等。外国人在华合法就业：一是外国人持有由人力资源和社会保障部颁发外国人就业证；二是外国人的护照上印有由公安部门签发的工作签证，两个要件缺一不可。据人力资源与社会保障部统计表明，2016年年末持外国人就业证在中国工作的外国人共23.5万人，占全国就业人员的0.03%。① 2016年2月，公安部针对外籍人员非法入境、就业的突出情况开展了"粤港边界打击偷渡行动"，截至2017年11月，广东、广西、云南三省公安共查获东南亚、南亚籍"三非人员"6.76万余人，打掉了50余个组织偷渡团伙。②

二、外国人在华非法就业的工作性质及主要区域

非法就业外国人大多在以下领域进行就业：一是外语教育行业，二

---

① 高婧菡. 外国人来华非法就业法律治理研究［J］. 中国经贸导刊，2020（2）：128 - 129.

② 何春中. 粤港边界反偷渡行动已查获6.76万余名违法人员［EB/OL］. 中国法院网，2017 - 12 - 26.

是涉外演出，三是涉外家政，四是劳动密集型产业等。且从就业情况来看，绝大多数的非法就业者主要是采用违法入境或者是留学访问名义入境，随后再进行非法就业。① 熟练掌握一门第二语言，或是多门外语已经成为现代社会谋求生存的一项重要技能，正因如此，不少家长纷纷将自己的子女送入语言培训机构学习外语。因为外国人前往中国教授外语往往需要满足较高的条件，不仅需要有外语教师资格认证，同时还要持有在华就业许可证，因此不少外国人被排除在外教资质之外。然而旺盛的市场需求也使得不少培训机构为谋求更多利润而非法雇佣条件不符的外国人，以此增加培训机构的特色。其中不少外国人都是非法在华逗留的外国人，他们有的是留学生，有的仅仅是来中国短暂旅游，甚至还有部分外国人在自己的国家缺乏专长，无法就业，他们不仅没有必要的执教资质，甚至还会对中国学生进行财物甚至情感上的欺骗。

在服务行业，非法就业的外国人大多来自我国周边的国家，他们在自己国家生活较为困难，在非法入境之后主要从事餐饮以及家政等服务行业，甚至部分酒店、娱乐场所、俱乐部等服务行业为了吸引顾客、凸显特色，专门招聘一些没有行业工作许可证的外国人从事服务、演出。近些年，某些中产及以上收入群体甚至将雇菲佣作为一种时尚，当然，还有个别高收入者倾向于雇佣英式管家为自己提供服务。一些劳动力缺口较大的企业违法聘请与中国相邻的越南、缅甸等经济落后国家的低廉劳动力从事低端的加工制造等劳动密集型工作等。以我国广西壮族自治区为例，因与越南接壤，外国人非法入境、非法就业问题较为突出，因越南边境的边民申请边民证和出入境通行证门槛低、所需时间仅 1 – 2

---

① 杨焕宁. 2012 年国务院关于外国人入出境及居留、就业管理工作情况的报告［EB/OL］. 中国人大网，2012 – 08 – 21.

小时，价格仅约合人民币 90-212 元，且有效期长达 1 个月或 1 年。一些越南人通过边民证或出入境通行证（有效期为一天）进入广西，再去当地口岸公安申请有效期最长 30 天的暂住证，到边境地区从事非法就业活动，在暂住证即将到期时，通过重新出入口岸来刷新出入境记录，再办理暂住证继续从事非法就业活动；还有一些境内的企业或工厂通过和蛇头联系，由蛇头从边境便道或河道将越南人带入广西境内，送到工厂从事一些收入较低的低端劳动。①

从目前情况看，以珠江、长江两个三角洲为代表的经济水平发展较快的地区不仅吸引了来自我国各地的高端人才涌入，同时吸引着外国人就业。越是经济发达的地区，非法就业的外国人数量越多。近年来在部分城市和地区相继出现了非法入境外国人聚居区，如广州的非洲人聚居区、云南的"缅甸村"、广西的"越南村"等。

三、我国对外籍人才或其他来华工作的外籍人士就业的管理部门及职责分工

我国目前没有设置专门从事外国人管理的机关，相关的管理职能分散于不同的行政机关之中。在外国人境内就业问题上，涉及的问题不是单一行政主管部门可以全部统辖的，其出入境、停居留、就业保障等事项涉及公安、劳动及其他多个行政部门，具体如表 8-1 所示。

---

① 杨春静. 广西边境地区越南人非法就业治理 [J]. 广西警察学院学报，2018（3）.

表 8 - 1　我国对外国人就业的管理部门及职责分工①

管理部门	主要职责
公安部门	1. 为入境就业的外国人办理工作类居留证件。 2. 用人单位聘用外国人作为其员工，向公安部门报告相关信息。 3. 外国人在华就业期间，就业期限、地域发生变化，公安部门办理变更。 4. 劳动关系解除，用人单位向公安部门上交外籍员工的居留证，并为其办理出境手续。 5. 对外国人非法就业进行查处和处罚。
劳动部门	1. 审批用人单位雇佣外国人的就业许可，签发外国人就业证。 2. 对外国人就业证进行年检以及吊销。 3. 对外国人劳动力市场进行监管和检查。 4. 劳动关系解除，用人单位向劳动部门上交外籍员工的就业证。 5. 联合国家外国专家局等国务院有关部门制定外国人在我国境内工作的指导目录。
国家外国专家局	1. 联合劳动部门等制定外国人在我国境内工作指导目录。 2. 2017 年 4 月 1 日前，签发"外国专家证"。
外交部门	签发外国人工作签证。
教育部门	制定外国留学生勤工助学管理制度。
文化部门	对外国人入境从事经营性文艺演出进行批准。

1. 公安部门管理制度

外国人在我国的出境入境和居留的相关服务及管理工作属于公安部门的行政职能。用工单位选聘外籍人士作员工的，应当按照规定向公安

---

① 王欢. 外国人在中国内地非法就业问题的法律研究 ［D］. 深圳：深圳大学，2017：
　23.

机关报告有关信息。外国人在华工作期间，如果就业期限、地域发生变化，均应至公安机关办理有关的变更，对劳动关系解除的情形，原用工单位应把相关的就业证上交劳动主管部门，居留证上交公安部门并为该外籍员工办理相关离境手续。同时公安部门有权对非法就业的外国人进行查处，如果发现非法就业情形，市民有义务向公安机关报告。

国务院机构在 2018 年进行了改革，公安部下设国家移民管理局，其主要职责是，协调拟定移民政策并组织实施，负责出入境管理、口岸证件查验和边民往来管理；负责外国人停留居留和永久居留管理、难民管理、国籍管理，牵头协调"三非"外国人治理和非法移民遣返；负责中国公民因私出入国（境）服务管理，承担移民领域国际合作等。移民管理局不仅是对外国人移民中国进行管理，而且对中国人移民海外也有权进行管理。

2. 劳动部门管理制度

劳动部门是对我国劳动事项进行管理的重要部门，同时也负责对外国人在华就业进行管理。随着社会的发展和变迁，我国劳动部门也与时俱进地调整着机构设置。机构改革能够有效反映出一定历史时期下我国所采取的劳动政策。故而，对外国人就业进行管理的部门同时做出了调整：20 世纪 80 年代，先后由劳动人事部以及人事部和劳动部对外国人就业进行管理；到了 90 年代，主要负责外国人就业的部门为劳动和社会保障部；自 2008 年起，主管部门调整为人力资源和社会保障部。外国人来华就业必须要有劳动部门签发的《外国人工作许可证》。劳动部门不仅负责审批用人单位雇佣外国人的就业许可，同时在外国人在华就业时，还负责对企业雇佣外国人情况每年定期进行检查。如遇到外国人非法就业的情况，会将外国人所持有的《外国人工作许可证》予以吊销。如果外国人擅自变更用人单位或者更换职业，亦或是擅自延长就业期限，可将其许可证收回，不过，若要取消其居留资格，则需要公安部门负责落实该项取消工作，换言之，劳动部门不具有取消外国人居留资格的权利。为此，在对外国人就业进行管理时离不开劳动部门及公安部门的合作。

3. 其他行政管理部门管理制度

2017 年 4 月 1 日以前，中央和省级单位聘请的外籍专家，由省级外国专家局负责对其所持有的外国专家证进行发放，其余类型的外籍专家在华就业所需持有的"外国专家证"由市级层面的人事局进行发放。《关于全面实施外国人来华工作许可制度的通知》这一新政实施之后，"外国专家证"不再签发。从这一点变化来说，是对原有法律进行整合，使原本两证区分难问题得到了有效解决。通常来说，在华工作的专家主要在以下领域：一是经济技术；二是管理；三是教育；四是投资等。外国人才引进工作主要由国家外国专家局负责。

依照《外国人才签证制度实施办法》的相关规定，国家外国专家局、外交部和公安部三大部门根据自身不同的职责分工，对 R 字签证的申请条件做出具体规定，同时负责对 R 字签证的换发以及补发等工作给出相应的指导。R 字签证适用于对我国经济社会发展能够做出积极贡献的外籍科技以及高技能人才。作为负责我国外交事务的主管部门，外交部负责签发外国人入华工作的工作签证。Z 字签证的发放主要面向的是在我国境内就业的普通外籍人士。①

作为行业性主管部门，文化部门则负责外国人入境后开展经营性演

---

① 王欢. 外国人在中国内地非法就业问题的法律研究［D］. 深圳：深圳大学，2017：24－25.

出的相关事宜，外国人只有在得到文化部门批准的前提下方可获得在华营业性演出的权利，才能取得劳动部门的就业许可。2018 年，我国机构改革时撤销了文化部，以文化和旅游部取代文化部。

小　结

深圳华为、腾讯、大疆等高科技企业大学生实习制度的改革创新对我国高校学生管理制度改革创新提出了新的要求。我国高校负责中外学生毕业实习的管理部门应积极迎接挑战，特别是我国高校负责来华留学生的管理部门，应积极为我国高科技企业选拔和推荐优秀的来华留学生。为此，要熟悉现代高科技企业竞争性实习生实习制度、涉外劳动合同管理制度、来华留学生实习签证管理制度、高科技企业技术秘密保密管理制度、国际化企业工作纪律等项内容。要建立与我国高科技企业对接和沟通的渠道，深入了解高科技企业的人才需求，根据我国高科技企业人才现实需求制定并修改必修课和选修课目录，及时增补高科技企业急需的课程或课程内容，调整来华外国留学生招生和培养计划。

附　录

附录一：华为实习生管理：切准学生的 4 大需求

一、华为实习生管理：切准学生的 4 大需求

为了能够先校招一步去识别人才，为校招的开展进行充分铺垫，华为每年定期会开展实习生项目。也正因如此，华为在招聘实习生的过程中，招聘流程、招聘对象以及人才选拔标准都与校招无太大差异，选拔标准甚至更为严格，在招聘选拔过程中，学生需要经过各类测评和各轮面试。就招聘对象而言，华为的实习生项目主要针对研发类人才，因此实习生招聘方向和范围相对稳定。

（一）实习生的培养

正如上文所述，实习生项目是华为校招的一部分，以留用为目的，因此企业尤为看重实习生的培养与成长。一方面希望通过实习期的历练，学生能够认可企业并继续留任；另一方面企业也希望学生有所收获和成长，认可企业的雇主文化，并进行传播。总体而言，在实习期间，学生的培养主要由业务部门主导，由导师和业务主管负责，实习生入职后将参与到各种项目中，工作中需要的业务知识、技能和能力主要由导师进行一对一指导和各种培训课程完成；业务主管主要负责学生日常的管理，如工作任务安排、时间安排等。实习期间，HR 则主要负责制定实习期内主要的管理流程和机制的制定，如"导师与实习生之间定期沟通反馈""月度考评""实习终期答辩"等机制，同时 HR 会参与到管理工作中，如实习生进行月度沟通反馈。就华为调查分析，培养和管理方面，近年来实习生的满意度均在 95% 以上。究其原因，华为坦言：正是因为企业的实习生培养着眼于学生的关注点，进而能得到学生的认可。就华为的经验而言，实习中学生的聚焦点主要有四个方面，如下图附 –1 所示。

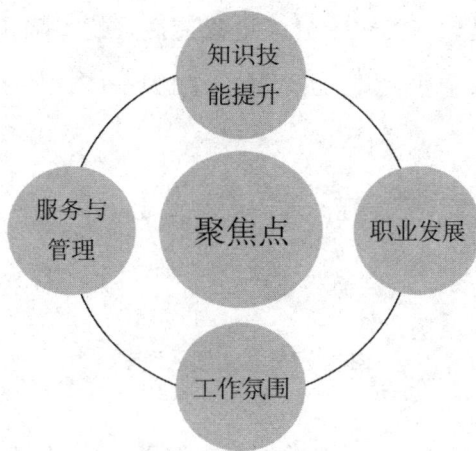

图附 –1　实习中学生的 4 个聚焦点

1. 知识、技能提升

就知识和技能获取而言，在培养过程中，华为对实习生的要求如同

205

正式员工，并为其提供了一对一的导师支持，能在业务项目中，给予学生充分历练，促进学生快速成长。同时，在学生撰写论文期间，实习经历为论文提供了借鉴，企业导师也会为学生提供论文指导。

2. 职业发展

在实习计划进行期间，华为会通过多种方式与学生沟通、传递其职业发展空间和职业发展路径，协助学生做好职业规划。首先，导师在与学生日常交流过程中，会与其沟通职业发展，企业认为导师自身的发展历程便是最好的说明；其次，HR会通过一些系统性的交流和培训，向学生系统介绍华为组织内部职业路径、具体的成长节奏和关键节点；最后，来自本校甚至本专业的学长的成长经历分享等，让学生对其在华为的职业发展路径有更直观的了解。

3. 业务团队和工作氛围

值得一提的是，华为也十分注重营造良好的团队和工作氛围，以帮助实习生快速融入企业，并与正式员工融为一体，如下图附-2中的活动为例。

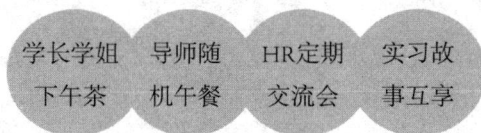

学长学姐下午茶　导师随机午餐　HR定期交流会　实习故事互享

图附-2　华为团队活动

（1）学长学姐下午茶。通过下午茶的形式，企业会安排实习生不定期与其已在华为工作2-3年的学长学姐进行座谈，以快速增强实习生的"家庭"感，通常每两周或每月安排一次，而且HR从中会进行适当引导，进而使实习生与企业的感情快速升温。

（2）导师的随机午餐。在实习期内，实习生不仅会与自己的导师有沟通机会，而且与其他导师也会有机会进行一对一的交流——在实习期内，导师会随机与学生共进午餐/晚餐（实习生和导师都有选择权利，但企业会保证每位实习生有 1 - 2 次机会），通过交叉性沟通，与不同导师的交流，使学生快速融入大集体，并获取不同的指导。

（3）HR 定期沟通反馈。除业务部门内相关的沟通安排，HR 也会定期（月度）与实习生进行单方面沟通（只有 HR 和实习生参与），主要是为了解一个月内大概的实习情况，了解其遇到的问题或所认可的内容，以帮助 HR 和业务对实习生项目进行改进，帮助实习生快速融入企业。

（4）实习故事分享。另外，由于实习生所处的地域、业务部门会有所不同，企业也会引导实习生之间的沟通交流，HR 会向实习生征集实习期内所发生的故事或自己的感悟，并以相应的途径推送给其他实习生，帮助实习生之间可以了解彼此的工作内容或所发生的故事，促进相互之间的交流。

（二）基础服务和管理制度支持

在华为看来，学生选择在华为工作，其不仅关注理想抱负、工作前景等，也会关注眼前基础的服务和管理，例如办公生活、日常考勤制度、假期管理、企业活动、日常生活服务等。因此，有关以上内容，HR 在实习生入职时会向学生进行特别讲解，导师也会进行相应的引导。总而言之，在培养过程中，华为紧紧围绕学生需求安排和制定计划，并在计划制定过程中与业务人员充分沟通，让业务人员参与其中，在前期达成一致，包括实习生项目的收益、各方职责、阶段性管理安排，以及导师配备量、导师需要投入的时间等都进行明确说明和沟通，进而确保计划顺利落地，保证实习生对企业满意。

（三）考核与留用

针对实习生的评估，华为主要分为两步，一是月度评价，二是最终答辩。月度评价一般由业务主管负责，但最终答辩是以大部门为单位进行，大部门内的所有实习生（20－30 位）组成答辩小组，业务内部高级别的主管和业务专家对学生的答辩进行评价，答辩期间，实习生的导师和主管也参与其中，并可为学生提供适当补充，HR 则可选择性旁听，如下附 9－3 所示。

月度评价 **+** 实习答辩 **=** 实习评估

图附 9－3　华为实习生评估

对于实习生最终是否能够留用，企业既会参考最终答辩评价，也会适当参考日常的月度评价，对实习生进行排序，并依据业务部门的招聘计划进行最终决定（但由于实习生规模较小，占校招总人数有限，因此业务所认可的优秀实习生一般都会被留用）。针对不能被企业留用但被企业认可的实习生，企业会将其转入不同的人才库，以继续跟踪和维护。例如，针对继续深造的学生，企业会定期进行问候，或推送企业近期的信息；针对选择其他企业的实习生，企业则将其转入社招库，随同社招其他人员进行管理，定期进行跟进。就后期维护和跟进的方式而言，企业更多选择以线上为主。

（四）项目结果反馈

1. 反馈与认可

就实习生项目开展的总体结果而言，华为的实习生项目受到各方好评，包括业务部门、学校及学生。就业务部门而言，借助于实习生项目，实习生为其带来了业务产出，并提前获取了优秀人才；对学校而言，学生得到了相应的历练，毕业论文的质量也得到了提升，校方也极度认可企业对学生的管理制度；对学生而言，通过业务项目的历练，其各方面得到了提升，并且先于其他毕业生提升入职。

2. 经验萃取

总体而言，华为实习生项目得到了各方好评，主要是因为 HR 在开展实习生项目过程中，充分把握了业务和学生双方的需求。首先，就业务而言，HR 在项目开展前期已与业务充分沟通，确保其对实习生项目的安排有充分了解，并达成一致；然后，就学生而言，企业在制定实习生培养计划过程中，能紧紧抓住学生"命脉"——能力提升、发展空间、工作氛围、服务与制度支持，进而对症下药，获取学生认可；另外，在项目进行过程中，HR 也能作为学生和业务之间的桥梁，定期与实习生进行双向沟通，收集反馈，然后与业务一同不断地改进和完善。

王玉森：华为实习生管理：切准学生的 4 大需求［EB/OL］．搜狐，2019 – 01 – 17.

附录二　腾讯 HRVP 奚丹：腾讯对"人"的理解！

导　读

HR 业内经常被提起的标杆人物有三位：原龙湖地产的房晟陶、阿里的彭蕾、腾讯的奚丹。奚丹，腾讯高级副总裁。2002 年加入腾讯，自 2008 年 5 月起全面负责腾讯公司人才发展与管理领域的各项管理职能。加盟腾讯之前，奚先生曾于中兴通讯股份公司从事人力资源管理工作，在 IT 及互联网领域有超过 20 年专业人力资源从业经验。奚先生 1996 年毕业于深圳大学计算机应用专业，并于 2005 年取得清华大学 MBA 学位。腾讯高级副总裁、人力资源负责人奚丹说，"人不是雇员，也不是生产力，而是腾讯最有价值的资源，是腾讯的第一财富。"

一、腾讯对"人"的理解

任何组织变革的基础都在于"人"。腾讯在业务上的彪悍发力，背后是大量高素质员工和强大的人力资源培育体系的支撑。2005 年的架构调整，奚丹是主要策划者之一。他加入腾讯时，公司处于上市前期，两件事让他颇感"惊讶"：一是腾讯全体员工都配有期权，这在那个年代很罕见，"这是在制度上捆住员工一起做事的心态"；二是腾讯早期用户迅速增加却没有盈利模式时，管理层愿意为了员工得到生活上的保障，自己"节衣缩食"，甚至做帮别人建网站之类的零活。事实上，腾讯的架构调整，正是一次人与业务并行的资源调配。腾讯不仅在产业层面考虑如何在专业分工的基础上，在每个领域扎得更深；同时它直接将优秀人才的发展空间设计在调整框架内。结果，这样的架构成就了腾讯此后六七年在各领域的高速发展。"人"一直是腾讯的重要命题。它不仅在产品方面有"一切以用户价值为依归"理念，在用人方面也体现出人本的价值观。

中国大互联网公司中，腾讯是校园招聘比例较多的一家。这其中肯定有创业时期难以找到足够专业人才的历史原因；但上市至今，腾讯依然刻意保持50%的校招比例。它愿意为那些有想法的年轻人提供机会，只要行政资源允许，会尽可能让每一位应聘者都得到笔试机会，并在招入后尽可能地培养他们。当然，在选人上，它会刻意去寻找那些认同腾讯价值观，并热爱互联网的年轻人。"腾讯不会为短期目的而招聘，一旦招聘对象进入公司，就希望他能和大家一直共事。"奚丹说。这些要求同样适用于那些高层次的稀缺人才，腾讯不欢迎短期"逐利者"，无论他的专业水平多高。倘若一个人要进入腾讯，往往要经历几轮面试，不仅有分管领导，还要和团队内的成员交流业务——他们要考察新人是否能和团队和谐相处。

腾讯这一次架构调整的具体内容对外界来讲仍是悬念，但理念调整已经完成。2011年之前，腾讯的管理理念有四条：关心员工成长、强化执行能力、追求高效和谐、平衡激励约束。现在的腾讯更是把管理聚焦于人，新的管理理念只有一条——关心员工成长。

二、无所不至的"关怀"

"如果你不热爱互联网，没有理想，真的别来腾讯，在这里工作挺艰苦的。"一位 HR 负责人常这样对求职者说。腾讯具有一种自发的行进动力，几乎所有人都沉浸于狂热却辛苦的产品氛围中。让员工心无旁骛的前提是，腾讯帮他们解决了大部分"世俗"问题。生存是人最基本的需求。在业界，腾讯一直以高薪著称。奚丹说，"腾讯员工的收入应该和腾讯在业界的地位相匹配。"每年，人力资源都会对各岗位的薪酬水平做调研，并做出相应调薪方案，让腾讯始终保持具有竞争力的薪酬。对员工来说，他们只需工作努力，自然会获得满意的收入，无须为此患得患失。生存之上是安全的需求。这主要靠福利体系解决。腾讯的福利可谓"无所不至"。到去年，福利体系已经蔓延至"腾讯家庭"。奚丹通过调研发现刚毕业 3－5 年员工离职率较高，主要原因就是买房压力，"我们相信员工未来一定有能力安居乐业，只是在刚毕业的 3－5 年，特别是高房价的大环境下会有压力，很多人觉得现在不买，以后更没机会买了。如果我们能提供一些资助，让员工提前买房，他就会安心工作。"这正是腾讯"安居计划"出台的背景。"福利"还体现在公司对员工生活细节的照顾：每晚保安会推着餐车将加餐送至员工办公桌前；北京办公室地处市中心繁华地段，依旧有通往各大住宅区的班车，每当下班发车时，浩浩荡荡；还有，腾讯提供各类免费运动场所，甚至将班车开到运动场门口。满足了生存和安全需求，员工们开始寻找爱与归属的社交需求。从加入腾讯开始，一系列相关计划就开始运行。腾讯的入职培训不仅是"教化"，还包括很多社交内容，新员工会被分组完成各类任务，既促进团队合作，又培养主动工作意识。此外，新员工还会被指定一位老员工"导师"，导师负责解答在腾讯的任何问题，甚至包括"我想去哪里吃饭"等生活问题。腾讯还推出了"健康加油站"项目，在公司内设有问诊室，返聘了很多退休医生。他们还开通了一条 7×24 小时专业医生值守的 400 热线电话，员工和员工家属都可以拨打。工作压力大了、和上级发生矛盾了、郁闷了可以求助；太太怀孕了，不知道如何照顾，也可以求助。对于最高层次的"自我实现需求"，在腾讯，是通过TTCP（技术职业发展通道管理委员会）完成的，它就像腾讯的"黄埔军校"。在TTCP那里，技术人才被分为六个级别，从T1（工程师）到T6（首席科学家），每个级别的职员都会得到详细有效的提升培训计划。当然，做技术不是唯一出路，除了TTCP外，腾讯还提供各类职业通道体系，在腾讯学院设有学分制培训计划——就像大学中的选修课，员工凭特长和兴趣自由选择，既包括管理，也有技术、设计、产品、市场等内容。

三、HR：从管理到服务

HR能像做互联网产品经理那样工作吗？奚丹的回答是："能！"在他看来，人力资源不是管理，而是服务。人力资源部门和腾讯业务部门一样，理念是"一切以用户价值为依归"。腾讯要求人力资源部门把"用户"识别到"人"。比如在招聘环节，用户就是具体业务部门的负责人；制定薪酬福利时，用户就是腾讯员工。腾讯的业务体系内流传着一句话，"真正的用户需求是说不出来的"，产品经理要有将需求具体化的能力，人力资源部门亦然。HR用做互联网产品的方式为来自业务部门的面试官提供招聘工具。当业务部门提出用人需求，人力资源部门首先会在公司内选择3个以上优质员工样本；然后再建模、扫描，分析导致这些员工背后的成功因素，比如逻辑思维很好、对数字敏感、善于学习等。然后再对这些成功因素倒推并具体到行为，再根据行为制定出面试问题，最后在问题后附上可能的答案并给出分值。

而当遇到和员工相关的事项，人力资源部门都会进行调研，甚至新建办公楼女卫生间要坐式还是蹲式马桶都要广泛征询员工意见。每有新项目开始，员工的 RTX 系统内就会出现问卷，能随时看到结果。"只要意见得以快速落实，员工主动性就高；此外员工有自主选择权，没兴趣的问卷可以不回答。"上述 HR 负责人说。

他们还会把握尺度，避免员工因问卷太多陷入新的麻烦。此时，腾讯的产品把握能力再度派上用场，问卷只会定向发给相关员工。

四、"瑞雪计划"

深圳腾讯总部，窗外就是马化腾的母校深圳大学。有员工说，腾讯氛围像一所大学，纯美。很多人愿意一直工作在腾讯，因为这里很"有爱"，相对纷繁困扰的社会，这里更像个世外桃源。对于社会上一些不良现象，腾讯无能为力，但在公司内部，腾讯希望能将这些逐渐净化。在腾讯，时而你会听到他们表扬他人"你真瑞雪"，或是批评"这不瑞雪"。瑞雪，是腾讯倡导的一种生活方式，于 2006 年推出。因为瑞雪一方面代表着"兆丰年"的美好前景；另一方面，瑞雪能冻死细菌和害虫，象征弃恶扬善。当年的"瑞雪"项目是杜绝"逆乘电梯"。为此，他们召集了很多热心员工，作为"瑞雪使者"，戴着一个小值班袖标站在电梯口请大家排队。现在腾讯各处，员工都会自觉排队。腾讯 HR 负责人说，"'瑞雪'关注的是小行为。但腾讯希望用好的氛围同化大家，至少在公司的环境里相互信任、相互尊重。不把那些对社会的焦虑和抱怨带到工作中来。""瑞雪计划"也在不断升级。从最初的文明乘梯、文明排队等社会内容，已经逐渐演变到职场内容。比如，某年"瑞雪"的主题是针对组织效率提升，号召"瑞雪会议"，减少那些无聊而冗长的会议。

（袁茵：腾讯 HRVP 奚丹：腾讯对"人"的理解！［EB/OL］．搜狐，2016 – 12 – 11.

附录三：深圳经济特区文明行为条例

（2019 年 12 月 31 日深圳市第六届人民代表大会常务委员会第三十七次会议通过、根据 2020 年 4 月 29 日深圳市第六届人民代表大会常务委员会第四十一次会议《关于修改〈深圳经济特区文明行为条例〉的决定》修正）

目 录

第一章 总 则

第一条 为了加快推进城市文明建设，提升市民文明素养和城市文明水平，根据法律、行政法规的基本原则，结合深圳经济特区实际，制定本条例。

第二条 深圳经济特区文明行为规范及实施适用本条例。

第三条 培育和践行社会主义核心价值观，传承中华优秀传统文化，不断提升市民思想素养、道德素养、法治素养、科学素养、文化素养和健康素养，全面推进社会公德、职业道德、家庭美德和个人品德建设。

第四条　文明行为规范实施工作坚持党委领导、政府推动、相关部门组织、全社会共同参与的方针；坚持教育引导、实践养成和制度保障共同推进；坚持积极引导和有效治理相结合。

第五条　市、区人民政府应当将文明行为规范实施工作纳入国民经济和社会发展规划，明确工作目标、任务和要求，制定相关政策措施，提供相应保障。

第六条　市、区人民政府以及有关国家机关应当建立健全文明行为规范实施工作长效机制，以法治促进文明、以机制保障文明、以科技助推文明、以文化滋养文明、以共建共享文明、以传播弘扬文明，实现文明行为规范实施工作科学化、常态化和制度化。

第七条　市精神文明建设委员会统筹全市文明行为规范实施工作。

区精神文明建设委员会依照工作职责统筹本辖区文明行为规范实施工作。

市、区精神文明建设委员会办公室负责组织、协调文明行为规范实施具体工作。

第八条　市、区人民政府及其相关部门，应当按照各自职责做好文明行为规范实施工作。

国家机关、企业事业单位、群团组织和其他社会组织应当按照各自职责开展文明行为规范实施工作。

第九条　国家机关以及事业单位工作人员、公众人物、各级文明单位职工等应当在文明行为规范实施工作中发挥表率作用。

鼓励市民宣传文明行为规范，对不文明行为进行劝导。

第二章 文明行为规范

第十条 市民应当维护公共场所秩序，遵守下列规定：

（一）礼貌待人，使用文明用语；

（二）在需要安静的场所保持安静、需要等候时自觉排队；

（三）在禁止吸烟的场所不吸烟、不劝烟；

（四）文明观赏花卉果实，爱护公共绿地和其他景观设施；

（五）依照有关提示和引导观看各种演出、比赛；

（六）依照相关规定开展娱乐健身活动，避免妨碍他人；

（七）遇到突发事件时，服从指挥，配合应急处置，有序疏散；

（八）患有传染性疾病时，采取有效措施防止传染他人；

（九）其他应当遵守的公共场所行为规范。

第十一条 市民应当维护公共环境卫生，遵守下列规定：

（一）依法依规投放生活垃圾和建筑废弃物；

（二）自觉维护公共场所清洁，保持道路、广场、建筑物和其他公共设施整洁；

（三）爱护公共环卫设施；

（四）其他应当遵守的公共环境卫生规定。

第十二条 市民应当文明出行，遵守下列规定：

（一）驾驶机动车、非机动车时遵守交通规则，礼让行人和优先通行车辆；

（二）步行通过公共道路时遵守交通规则，在保证安全的前提下尽量快速通过；

（三）使用公共自行车和互联网租赁汽车、自行车出行时注意交通安全，按规定停放车辆；

（四）乘坐公共交通工具时配合司乘人员和其他管理人员工作，并主动为行动不便利的乘客让座；

（五）其他应当遵守的文明出行规范。

第十三条　市民应当文明旅游，遵守下列规定：

（一）遵守当地法律、法规和有关规章制度；

（二）尊重当地历史文化传统、风俗习惯、宗教信仰和礼仪禁忌；

（三）服从管理，爱护公共设施，避免危害自身及他人人身财产安全；

（四）其他应当遵守的文明旅游规范。

第十四条　市民应当维护社区公共文明，遵守下列规定：

（一）爱护社区公共物业和其他公用设施设备；

（二）加强物业专有部分安全管理，自觉抵制高空抛物等危害公共安全的行为；

（三）在进行装修装饰或者从事文化、娱乐、健身等活动时，采取有效措施，避免干扰其他居民正常生活；

（四）依法依规饲养宠物，保持公共场所环境卫生，避免伤害、惊扰他人；

（五）保持消防通道和其他公共通道畅通，爱护消防设施；

（六）其他应当遵守的文明行为公约和规定。

第十五条　市民应当保护生态环境，遵守下列规定：

（一）节约资源，减少生活垃圾；

（二）尽量使用环保产品，减少使用高污染、高环境风险产品；

（三）自觉维护水生态环境，拒绝向海洋、河流、河涌、湖泊、沟渠等倾倒排泄物、污染物和废弃物；

（四）保护野生动物，拒绝伤害、捕捉、猎杀、买卖和食用野生动物，拒绝买卖、使用非法野生动物制品；

（五）其他应当遵守的保护生态环境的规定。

第十六条　市民应当文明上网，遵守下列规定：

（一）自觉遵纪守法，保护他人隐私和其他合法权益；

（二）传播先进文化，拒绝有害身心健康的网络作品和产品；

（三）尊重自主创新，保护他人知识产权；

（四）拒绝传播虚假信息或者其他未经证实的信息；

（五）摒弃低俗沉迷和具有迷信、淫秽、暴力等内容的信息；

（六）其他应当遵守的文明上网规范。

第十七条　市民应当在社会生活中养成和体现良好的个人品行，自觉践行下列要求：

（一）维护国家安全、荣誉和利益，维护民族团结；

（二）遵守宪法和法律、法规及有关规章制度；

（三）积极参与公共事务管理和社会公益活动；

（四）诚信友善、自强自律、积极向上；

（五）遵守公共秩序和社会公德；

（六）远离毒品、自觉抵制赌博和其他不良习俗。

第十八条　国家工作人员应当恪尽职守、勤奋工作，遵守下列规定：

（一）忠于国家，忠于人民，维护国家统一和民族团结；

（二）全心全意为人民服务，密切联系群众，听取群众呼声，一切从人民利益出发，向人民负责；

（三）遵纪守法，严格执行法律、法规和政令，严守纪律、保守秘密；

（四）忠实履行职责，秉公办事，努力提高工作质量和工作效率；

（五）清正廉洁，克己奉公，自觉抵制歪风邪气；

（六）其他应当遵守的法律、法规和有关规定。

第十九条　企业事业单位及社会组织职工应当爱岗敬业、诚实守信，遵守下列规定：

（一）遵纪守法、恪守职业道德；

（二）勤勉敬业、遵守工作制度和操作规范；

（三）完成劳动任务，遵守劳动纪律、提高职业技能；

（四）其他应当遵守的法律、法规和有关规定。

第二十条　生产经营单位管理人员应当依法依规从事经营管理活动，遵守下列规定：

（一）强化法治意识，保证企业依法合规经营；

（二）依法保护顾客商业秘密和个人信息；

（三）公平竞争，明码标价，杜绝强制交易；

（四）依法依规开展广告宣传；

（五）保护知识产权，拒绝制作、销售假冒伪劣商品；

（六）其他应当遵守的法律、法规和有关规定。

第二十一条　发扬助人为乐的优良传统，弘扬雷锋精神，倡导下列行为：

（一）为行动不便利或者有其他特殊困难的人士提供力所能及的帮助和扶持；

（二）积极参加维护公共秩序、法治宣传、科普教育、支教助学、保护生态环境等公益活动；

（三）积极参加应急救援、抢险救灾、医疗救护、心理辅导和其他志愿者组织，提供相关志愿服务；

（四）积极参加无偿献血，自愿捐赠造血干细胞和人体器官（人体组织）；

（五）见义勇为，制止违法犯罪行为，协助公安、司法机关侦破犯罪案件、缉拿犯罪嫌疑人；

（六）以其他适当的方式为有需要的单位和个人提供帮助。

第二十二条　坚持男女平等，弘扬家庭美德，传承良好家风，倡导下列行为：

（一）家庭成员互相尊重，互相扶持；

（二）夫妻和睦，互敬互爱，勤俭持家；

（三）尊敬长辈，赡养、帮助老人；

（四）关爱未成年人健康成长，教育其养成文明行为习惯；

（五）邻里之间互敬互助；

（六）积极践行其他家庭文明行为规范。

第二十三条　开展移风易俗行动，践行健康生活方式，倡导下列行为：

（一）理性消费，拒绝铺张浪费；

（二）合理膳食，积极参与全民健身活动；

（三）低碳生活，节约水、电、气等资源；

（四）绿色出行，尽量使用公共交通工具；

（五）节俭办理婚丧嫁娶和其他礼仪活动；

（六）积极践行其他健康文明生活方式。

第三章 工作职责

第二十四条 市、区精神文明建设委员会应当履行下列职责：

（一）制定文明行为规范实施工作规划、政策；

（二）统筹、组织、指导、协调文明行为规范实施工作；

（三）监督有关单位履行文明行为规范实施工作职责；

（四）法律、法规和上级有关部门规定的其他职责。

第二十五条 市、区精神文明建设委员会办公室应当履行下列职责：

（一）拟定文明行为规范实施工作计划和具体措施；

（二）建立健全文明行为规范实施相关标准、工作责任制和考核制度；

（三）建立健全文明行为评估制度体系，定期组织开展公共文明指数测评；

（四）发布或者指导发布不文明行为重点治理清单；

（五）监督、检查有关单位文明行为规范实施工作；

（六）开展文明行为规范实施宣传、表彰和经验交流等活动；

（七）其他文明行为规范实施工作职责。

第二十六条 国家机关、企业事业单位、群团组织和其他社会组织应当根据相关规定或者实际需要确定本单位负责文明行为规范实施工作的部门和有关负责人，明确相关工作职责。

第二十七条 市、区人民政府应当不断完善城市文明基础设施，科学规划、建设和管理图书馆、博物馆、文化馆及其他文化体育场馆、爱国主义教育基地和科普教育基地等设施。

有关部门编制和实施有关专项规划，应当根据需要纳入文明行为规范实施工作内容，促进城市文明建设。

第二十八条　有关部门和公共场所管理单位应当不断完善下列设施并加强维护和管理：

（一）宣传社会主义核心价值观的主题景观和公益广告设施；

（二）文明行为提示标识；

（三）盲道、坡道、电梯、盲人过街声响提示装置等无障碍设施；

（四）公共厕所、垃圾分类投放和存放清运设施及规范标识；

（五）其他相关设施。

第二十九条　国家机关、企业事业单位、群团组织和其他社会组织应当根据本行业、本单位特点，制定文明服务规范，公开服务承诺和办事流程，不断提高服务质量，并建立高效投诉处理机制。

第三十条　国家机关、企业事业单位、群团组织和其他社会组织应当结合本行业、本单位实际将文明行为规范纳入本行业、本单位职业规范要求，并将文明行为规范培训纳入本单位入职培训和岗位培训内容。

第三十一条　互联网企业、其他互联网内容生产者和平台服务提供者，应当积极履行下列网络空间道德建设责任：

（一）引导创作、生产和传播健康的网络作品和产品，坚持正确的道德取向；

（二）加强网上热点话题和突发事件的正确引导和管理；

（三）坚持文明办网，建立、完善、实施网络行为规范，引导文明上网；

（四）开展或者支持网络公益活动，加强网络公益活动规范化管理；

（五）根据主管部门要求和行业规范，对未成年人参与网络游戏的内容、时长及消费等进行适当限制；

（六）加强网络从业人员教育培训，提高依法办网能力和水平。

第三十二条　互联网信息管理部门应当严格依法管网治网，维护网络道德秩序，加强对网络不文明行为的监测，及时依法查处网络信息传播中的相关违法行为。

第三十三条　教育行政部门和各类教育机构应当将文明行为规范纳入教育、教学内容和学业质量标准，体现到各学科教育和社会实践中。

第三十四条　中、小学校可以限制学生在教学区域进行非教学用途电子游戏活动。学生在教学区域进行非教学用途电子游戏活动的，学校可以代为保管手机、平板电脑等相关电子设备。

第三十五条　社区居民委员会应当制定社区文明公约，或者将文明行为规范纳入相关居民公约，并进行社会公德、职业道德、家庭美德和个人品德等文明行为规范宣传教育。

第三十六条　车站、机场、码头、公园、文化体育场馆等公共场所管理单位应当在显著位置设置符合规范要求的文明行为提示标识和必要的辅助设施，引导市民自觉遵守公共秩序。

第三十七条　公共服务场所以及城市主要道路、商业街区和大型居住区，应当按照无障碍环境建设标准配备无障碍设施，并在显著位置公示求助方式，为行动不便利的人士提供便利。

公共停车场应当依照有关规定设置残疾人专用停车位。

第三十八条　机场、车站、商场等公共场所应当按照相关规范配备独立母婴室和第三卫生间。

鼓励有条件的国家机关、企业事业单位、群团组织和其他社会组织向社会开放本单位停车场、卫生间和文化体育设施。

224

第三十九条　图书馆、博物馆、文化馆及其他文化体育场馆、爱国主义教育基地和科普教育基地等，应当结合各自特点开展文明行为规范宣传教育工作。

第四十条　旅行社应当告知旅游者旅游目的地有关法律、法规规定、风俗习惯、文化传统及文明行为规范，引导旅游者文明旅游。

第四十一条　航空器、火车、轮船、长途客车、城际轨道交通等公共交通工具在抵达深圳前，运营单位应当采取适当方式宣传深圳文明行为规范。

第四十二条　出入境、交通运输、旅游等行政管理部门应当在办事大厅、机场、码头、车站、口岸、景区等公共场所，采取适当方式宣传相关文明行为规范，引导文明旅游。

第四十三条　公共交通工具应当设置优先座位，供行动不便利的乘客优先使用。

其他乘客使用优先座位未给行动不便利的乘客让座的，司乘人员应当进行劝告；不听从劝告的，司乘人员可以报告公安机关，由公安机关按照扰乱公共秩序行为依法处理。

第四十四条　互联网租赁车辆经营企业应当加强对其车辆的养护、管理，采取有效措施规范用户停放行为。

自行车停放不得占用机动车道、绿道、绿地、隔离带、无障碍设施等，不得妨碍车辆、行人正常通行。

第四十五条　政务服务数据管理部门以及其他相关部门应当整合公共场所有关视频监控资源，建立文明行为规范实施信息共享和执法合作机制。

第四十六条　执法机关可以采用拍照、录像、笔录等方式现场记录违法不文明行为作为处罚依据。现场记录应当明确、具体、规范。

第四十七条　在查处违法不文明行为时，执法人员有权要求行为人提供姓名、地址及联系电话等信息。

违法行为人拒不提供前款信息或者提供虚假信息的，公安机关以外的其他执法机关可以请求公安机关协助核查违法行为人身份。

第四十八条　执法机关在依法处罚不文明行为时，应当同时对行为人进行批评教育。具体办法由市司法行政部门会同相关部门制定。

第四十九条　下列公共场所工作人员有权对其场所内的不文明行为进行劝阻；行为人不听从劝阻的，有关工作人员可以报告公安机关依法处理：

（一）车站、机场、码头、公园、文化体育场馆；

（二）商场、酒店、医院、学校等人员密集场所；

（三）大型公共活动场所。

公安机关对前款及本条例第四十三条第二款规定的情形，可以依照《中华人民共和国治安管理处罚法》相关规定对行为人给予处罚。

第五十条　在公共场所有不文明行为且违反相关法律、法规规定，经工作人员劝阻而拒不纠正的，有关经营单位和服务活动组织者可以拒绝为行为人提供相关服务，但是行为人确有生活急需的除外。

第五十一条　报纸、广播、电视、网络等公共媒体应当积极宣传报道文明行为规范以及实施工作，营造全社会鼓励和促进文明行为的良好氛围。

第四章　促进措施

第五十二条　建立公共政策价值导向评估制度。市、区人民政府及有关部门在制定、拟定公共政策和重大改革措施时，应当贯彻社会主义核心价值观要求，同时加强道德风险和道德效果评估，并根据需要征求市、区精神文明建设委员会办公室意见。

第五十三条　建立年度文明行为规范实施主题制度。市、区精神文明建设委员会办公室应当根据城市文明建设工作实际，确定每年度文明行为规范实施主题，制定工作方案并组织实施。

第五十四条　建立不文明行为重点治理清单制度。市、区精神文明建设委员会办公室应当会同有关部门、行业协会、公共场所管理单位等，根据本条例有关规定，结合实际，确定需要重点治理的本地区、行业、单位的不文明行为重点治理清单。

确定不文明行为重点治理清单应当向社会公开征求意见，在相关区域、单位和场所公示，并在确定后向社会公布。

第五十五条　有关单位应当根据工作职责和不文明行为重点治理清单，制定本部门、单位重点治理不文明行为实施工作方案并抄送所在区精神文明建设委员会办公室。

对于重点治理清单所列的不文明行为，有关单位应当加强提示、劝导和检查。

第五十六条　对于列入重点治理清单的违法不文明行为，执法机关可以在法律、法规规定幅度内从重处罚。

第五十七条　对于违法不文明行为，行政主管部门可以依法委托有关管理社会公共事务的组织实施处罚。

第五十八条　公安机关、应急管理、城市管理等部门，应当制定重大活动、突发自然灾害预防和处置不文明行为预案，并及时通过网络、短信、电视、广播等发布相关提示。

第五十九条　市、区精神文明建设委员会办公室负责组织评选精神文明创建成果奖，依照有关规定对在精神文明创建工作中做出突出贡献的单位和个人给予表彰奖励。

第六十条　鼓励国家机关、企业事业单位、群团组织和其他社会组织对本单位模范遵守文明行为规范的职工进行表彰奖励。

获得市级及以上精神文明建设荣誉称号的企业，对本单位职工给予奖金奖励的，奖金可以从效益工资中开支，纳入生产成本。

第六十一条　健全精神文明建设先进典型礼遇和帮扶制度。依照有关规定为精神文明建设先进典型提供入户、文化、医疗、住房、基金救助等方面的优惠、帮助和服务。

第六十二条　健全城市文明建设目标责任制和考核制度。市、区精神文明建设委员会办公室根据工作需要定期开展公共文明指数测评，对相关单位文明行为规范实施工作进行检查、考核。

第六十三条　建立文明行为规范实施责任提示制度。市、区精神文明建设委员会办公室对于有关单位未履行文明行为规范实施工作职责的，可以发出提示函，要求其限期改正。

第六十四条　建立新市民文明行为规范教育制度。市民在深圳办理第一次户政登记时，应当接受文明行为规范教育，鼓励签署遵守文明行为规范承诺。具体办法由市精神文明建设委员会办公室会同市公安机关制定。

第六十五条　单位和个人可以通过电话、信件、网络等方式举报不文明行为。举报内容明确、具体的，有关单位应当及时处理。

第五章　法律责任

第六十六条　对于违反本条例规定的不文明行为，《中华人民共和国治安管理处罚法》等相关法律、法规已经有行政处罚规定的，由有关执法机关依法处罚。相关法律、法规有相关要求，但未规定行政处罚或者行政强制措施的，由有关执法机关对行为人予以批评教育；情节严重的，给予警告。

第六十七条 属于重点治理的不文明行为同时违反有关法律、法规的，执法机关可以根据违法行为不良影响严重程度要求违法行为人向有关当事人道歉，或者向公众公开道歉。

对拒不道歉，且情节严重、影响恶劣的，执法机关可以将该违法行为视频资料在有关媒体或者场所播放，直至违法行为人依照前款规定道歉。

第六十八条 违法行为人拒不执行行政处罚决定，或者有属于重点治理的不文明行为且不听劝阻的，执法机关可以将处罚决定告知违法行为人所在单位或者社区居民委员会，由违法行为人所在单位或者社区居民委员会对其进行批评教育。

第六十九条 违反本条例有关规定，扰乱航空器、车辆、船舶等公共交通工具秩序，受到行政处罚的，运营单位可以在处罚生效之日起六个月至二年内，不为行为人提供优惠服务，或者限制其通过网络方式购票。

第七十条 违反本条例规定且受到行政处罚的，由执法机关通报相关机构记入行为人个人信用档案。国家对未成年人信用记录管理另有规定的，从其规定。

第七十一条 本条例规定的文明行为规范实施责任单位有下列情形之一的，市、区精神文明建设委员会办公室可以约谈其法定代表人或者主要负责人，责令其限期改正；拒不改正的，可以责令公开道歉或者予以公开谴责，且自责令公开道歉或者予以公开谴责之日起连续两届不得参加文明单位评选；已经获得文明单位称号的，提请撤销其称号：

（一）未按相关规定要求建立文明行为规范实施相关规章制度；

（二）未按相关规范要求设置文明提示标识；

（三）未按相关规定要求对发生在本单位及其管理场所的不文明行

为进行劝导；

（四）未履行其他文明行为规范实施工作职责，造成不良影响的。

第七十二条　国家机关及其工作人员在文明行为规范实施工作中有下列行为之一的，由其主管部门责令改正，通报批评；情节严重的，依法追究相关责任人员的责任：

（一）在文明城市、文明单位、文明校园等创建活动中不履行或者不正确履行职责的；

（二）对相关设施疏于管理和维护，致使设施损坏或者丧失功能的；

（三）未依法及时受理投诉或者未及时对投诉事项进行处理的；

（四）未依法实施监督管理的；

（五）有其他滥用职权、玩忽职守、徇私舞弊行为的。

第七十三条　未成年人违反本条例相关规定有不文明行为的，除因违反相关法律、法规由执法机关依法处理外，有关单位和个人可以以适当方式给予批评教育，也可以通知其监护人和所在学校，但不得在新闻报道、影视节目、公开出版物、网络中披露该未成年人的姓名、住所、照片、图像以及可能推断出该未成年人的资料。

对未成年人严重不良行为的矫治与犯罪行为的预防，依照《中华人民共和国预防未成年人犯罪法》的规定执行。

第六章　附　则

第七十四条　本条例自 2020 年 3 月 1 日起施行，《深圳经济特区文明行为促进条例》同时废止。

参考文献

［1］程伟华，张海滨，董维春．"双一流"战略引领下的来华留学研究生教育发展探析［J］．研究生教育研究，2018（6）：70．

［2］孙健．美国研究生招生制度的特点及其对我国的启示［J］．比较教育研究，2018（4）：70．

［3］朱原，王旭燕．学术型研究生招生制度比较研究［J］．研究生教育，2016（6）：87－88．

［4］肖凤翔，张宇，赵美容．英国工程博士研究生招生特色及其对我国的启示［J］．学位与研究生教育［J］．2014（8）：67－68．

［5］朱原，王旭燕．学术型研究生招生制度比较研究［J］．研究生教育，2016（6）：87－88．

［6］周广．美国、日本、中国三国研究生招生制度比较［J］．视野，2015（1）：78－80．

［7］柴省三．来华留学研究生招生考试体系的构建研究［J］．学位与研究生教育，2018（9）：63．

［8］刘水云．来华留学研究生培养质量调查［J］．学位与研究生教育，2017（8）：28．

［9］李建成．学校，一个师生共同学习的地方：新时期教师教育信仰的塑造［J］．江苏教育，2016（22）．

［10］王巍．骗女友600余万，外国留学生获刑14年［N］．新京报，2018－07－03.

［11］孙晓敏，薛刚．国外研究生选拔方式对我国研究生复试的启示［J］．北京大学教育评论，2012（1）：178.

［12］江永华，章心仪．我国学生国际流动中不利因素的反思［J］．管理观察，2018（35）：121.

［13］孙晓敏，薛刚．如何有效选拔研究生：国外研究生选拔实践的证据［J］．教育科学，2011（4）：74.

［14］韩宁．非认知性评价的革命性进展：评美国ETS的新产品PPI［J］．考试研究，2010（10）：121－123.

［15］晋浩天．推进中外学生趋同化管理［N］．光明日报，2019－07－21.

［16］史竞男，胡浩．196个国家和地区49.22万名留学生在2018年来华留学［EB/OL］．中新网，2019－06－03.

［17］李淑珍．我国研究生科研创新能力影响因素及提升：以会计学硕士研究生为例［J］．教育进展，2014（4）：136.

［18］教育部研究生司．天津大学博士研究生教育综合改革试点工作经验做法［EB/OL］．中华人民共和国教育部网，2019－01－24.

［19］伍雪冬，苏晨羽，肖毅．国内外专业硕士学位教育比较研究［J］．当代教育理论与实践，2014（11）：75－76.

［20］丘成桐．如何培养研究生的研究精神［J］．国际人才交流，2016（9）：1－3.

[21] 岑逾豪，孙晓凤. 寓学生发展于研究生教学：学习伙伴模型在硕士研究生课程中的应用 [J]. 学位与研究生教育，2014（9）：36 - 37.

[22] 刘蕾. 美国、日本、新加坡大学诚信教育对我国大学诚信教育的启示 [J]. 武夷学院学报，2013（6）：19 - 22.

[23] 李玉娇. 美国大学大学生荣誉规则研究 [D]. 哈尔滨：黑龙江大学，2018.

[24] 孟寅. 美83名大学生用App"分享作业"遭罚 [N]. 青年参考，2017 - 11 - 15.

[25] 蒋立杰. 论美国斯坦福大学学生违纪管理机制探析 [J]. 教育探索，2011（7）：152 - 154.

[26] 王建华. 日本"国民素质高"的背后：日本《轻犯罪法》的约束作用 [EB/OL]. 商丘市梁园区人民法院网，2016 - 08 - 17.

[27] 张雅妮，王秀彦. 日本高校学风建设的特色方法及对我国的启示 [J]. 北京教育，2015（01）.

[28] 湛泳，王妍. 强化我国高校诚信体系建设，构建创新创业环境 [J].2015（11）：69 - 70.

[29] 覃博雅. 日本早稻田大学大批学生因集体偷窥和灌酒受处分 [EB/OL]. 人民网，2012 - 09 - 20.

[30] 上海交通大学密西根学院迎来首批新生 [EB/OL]. 正保考研教育网，2006 - 09 - 11.

[31] 蒋立杰. 论美国斯坦福大学学生违纪管理机制探析 [J]. 教育探索，2011（7）：241.

[32] 黄惠玲. "学术差""不诚信"成留美中国学生遭劝退主因

[EB/OL]．海外网，2016 – 06 – 06．

[33] NELSON L. UVA Has Expelled 183 Students for Honor Code Violations — and None for Sexual Assault [EB/OL]．

[34] 李文凯．美国高校学术诚信教育及启示 [N]．中国教育报，2003 – 12 – 20．

[35] 张志诚．浅析学校生活中的破窗现象与对策 [J]．教育情报参考，2009（10）：25 – 26．

[36] 陈志远，王恺凝，唐智峰，等．"向吃槟榔说不"系列报道 [EB/OL]．中国记协网，2019 – 06 – 25．

[37] ROCHELEAU M. Harvard University is Changing the Way It Handles Reports of Sexual Assaults and Harassment．[EB/OL]．Bostonglohe，2014 – 07 – 02．

[38] Stanford Provost Calls for Cultural Change in Combating on – Campus Sexual Violence [EB/OL]．新华网，2020 – 01 – 25．

[39] NAPOLITANO．'We Must, and We Will, Do a Better Job' in Addressing Sexual Assault [EB/OL]．加州大学戴维斯分校官网．

[40] 辛文．浙江大学通报："努某事件"已启动后续调查 [EB/OL]．中国网，2020 – 07 – 21．

[41] 张杨运．浙江大学深夜通报：给予2016级本科学生努某某开除学籍处分 [EB/OL]．搜狐，2020 – 08 – 01．

[42] 余宗明．努某某是"初犯"还是"惯犯"，这点很重要 [N]．新京报，2020 – 07 – 24．

[43] 李晨阳．把高校性骚扰终结令落在实处 [N]．中国科学报，2019 – 12 – 25．

［44］张荔子．中国工程院院士钟南山：诚实永远是上策［J］．中国卫生，2004（7）：46－47．

［45］深圳教师胡红梅获评"2017 年度全国推动读书十大人物"［EB/OL］．深圳政府在线，2018－04－23．

［46］"女神"校长抄袭史：深圳名师胡红梅的罪与罚［EB/OL］．搜狐，2020－03－05．

［47］郑晋鸣．春蚕丝不尽蜡炬辉永恒：追记中国情境教育创始人、著名儿童教育家李吉林［N］．光明日报，2019－07－19．

［48］梁勇．是该制定全国性高校学生纪律处分法规了［EB/OL］．红网，2020－07－23．

［49］广州大学学生违纪处分规定［EB/OL］．广州大学学生处，2018－04－27．

［50］四川外国语大学学生违纪处分管理办法［EB/OL］．四川外国语大学信息公开网，2018－10－23．

［51］龚化．留学生猥亵女子被批捕 受害女：难为情不敢喊［N］．三湘都市报，2013－04－24．

［52］耿宝建．高等学校校纪校规不能违反上位法规定［J］．人民司法，2013（8）：56－59．

［53］王毅纯．论隐私权保护范围的界定［J］．苏州大学学报（法学版），2016（2）：89－102．

［54］李晓蕊．浅析国外隐私权法律保护制度［EB/OL］．中国法院网，2013－01－31．

［55］胡平．隐私·道德［J］．啄木鸟，2003（6）：150－153．

［56］张维炜．百姓关心的这些事，民法典草案都有回应［J］．中

国人大，2020（1）：3 - 10.

［57］高峰，朱振辉．我喜欢边走边拍，可有人说这是侵犯隐私［N］．都市快报，2016 - 09 - 13.

［58］丁虹．美国一警察偷拍69名同事更衣上厕所，被判入狱6年［EB/OL］．环球时报，2019 - 11 - 18.

［59］袁蒙，陈建军．中国驻日本大使馆提醒中国公民日本旅游勿随意拍照［EB/OL］．人民网，2015 - 03 - 12.

［60］吴宏斌．疫情反复更显"健康码"重要［EB/OL］．大公网，2020 - 07 - 21.

［61］田丰．控制堕胎行为要审视中国社会的文化和法律基因［EB/OL］．光明网，2017 - 04 - 05.

［62］李锦．地球上还有没有"通奸罪"？［N］．潇湘晨报，2014 - 10 - 16.

［63］龚颖．"通奸"的出现到"通奸罪"的废止：日本婚姻伦理思想史中的一个案例［M］//孙春晨，江畅．中国应用伦理．北京：金城出版社，2009：110.

［64］董箐．婚外情入侵东西方家庭 日本演员称不伦恋也是文化［EB/OL］．人民网，2010 - 06 - 25.

［65］CURRY O S，MULLINS D A，WHITEHOUSE H．Is It Good to Cooperate? Testing the Theory of Morality - as - Cooperation in 60 Societies［J］．Current Anthropology，2019：48 - 50.

［66］赵修义．全球化带来道德教育新挑战［EB/OL］．中国人民政治协商会议上海市委员会，2001 - 09 - 14.

［67］龙剑武．巴黎首次试行雷达测噪音扰民车辆将被罚［EB/OL］．

搜狐，2019 – 07 – 29.

[68] 禁塑限塑时间表来了！商务部公布禁塑限塑阶段性任务 [EB/OL]．凤凰网，2020 – 08 – 31.

[69] 立命馆大学规定骑自行车通学的学生需保险 [EB/OL]．出国留学网，2019 – 12 – 13.

[70] 新加坡明起禁止电动滑板车上人行道，违者坐牢三个月 [EB/OL]．新京报网，2019 – 11 – 04.

[71] 李星．"出行帮手"还是"马路杀手"，电动滑板车能上路吗？[EB/OL]．每日经济新闻，2019 – 11 – 05.

[72] 新加坡明起禁止电动滑板车驶入人行道，其他国家有何规定？[EB/OL]．新京报网，2019 – 11 – 04.

[73] 王欣．美籍华人在中国开车被拘，都是不懂驾照规则惹的祸 [EB/OL]．搜狐，2018 – 01 – 19.

[74] 陈晨．中国未加入《联合国道路交通公约》国内机构给出的"国际驾照"属伪证 [N]．解放日报，2018 – 07 – 18.

[75] 赵新明．持国际驾照开车，当心"无证驾驶"[N]．深圳特区报，2013 – 10 – 24.

[76] 李映民，李纯．境外人员可在广东东莞申领"临时机动车驾驶许可"[EB/OL]．凤凰网，2020 – 01 – 04.

[77] 广州首例外国人醉驾案宣判 拘役 1 个月缓刑 2 个月 [N]．搜狐网，2011 – 11 – 18.

[78] 王巍．首例外籍醉驾案一审宣判 韩国男子获 3 月拘役[N]．法制晚报，2011（7）：8.

[79] 李斌．深圳启用新版《房屋租赁合同书》范本！押金超过 2

个月你就亏了［EB/OL］．东云网，2019－11－09．

［80］胡乃麟．来华留学生校外住宿问题分析［J］．中国校外教育·高教（下旬），2013（1）：2．

［81］马晓燕．移民社区的多元文化冲突与和谐［J］．中国农业大学学报（社会科学版），2008（12）：118－120．

［82］罗典．织密基层防疫网，筑牢社区防疫墙［N］．深圳晚报，2020－03－03．

［83］温才妃．降低噪音从公共场所做起［N］．中国科学报，2018－03－14．

［84］王刚．韩国出台新法制约噪音扰民［J］．吉林人大，2014（7）．

［85］罗宇凡，章苒，南婷．各国都是怎么管理互联网的？［EB/OL］．新华网，2014－11－19．

［86］龙玥．印度骚乱12天，23死，5400人被拘，705人入狱［EB/OL］．观察者网，2019－12－23．

［87］付静．2018年中国毒品形势报告［EB/OL］．中国政府网，2019－06－18．

［88］李倩岚．吸食、注射毒品犯罪化探索［J］．社会法制，2009（7）：354．

［89］阿地力江·阿不来提．毒品刑事治理探讨［J］．刑事法律评论，2008（1）：554．

［90］斩断毒品入校园之链，某高校一留学生走私贩毒被驱除出境［N］．中国青年报，2019－06－24．

［91］刘泽．加拿大籍被告人罗伯特·劳埃德·谢伦伯格走私毒品

一案二审被当庭裁定发回重审［EB/OL］．中华人民共和国最高人民法院，2018 – 12 – 29.

［92］邓建国．英国媒体报道中关于阿克毛事件的逻辑谬误［J］．对外大传播，2010（4）：23.

［93］白山云．国外毒品犯罪的类型及其刑罚［J］．比较法研究，1990（3）：72.

［94］葛鹏．盘点近年外国人在华被判死刑案：罪名以贩毒为主［EB/OL］．环球网，2014 – 08 – 22.

［95］王世纯．特朗普呼吁给美国毒贩增加死刑选项：学习中国和新加坡［EB/OL］．观察者，2018 – 03 – 15.

［96］董鑫．全国三年破获电信诈骗案31.5万起［N］．中国青年报，2018 – 11 – 30.

［97］张子杨．去年破获侵犯公民个人信息类案件5000余起

［98］GORDON S. 5 Facts About Bullying in College［EB/OL］．Verywell Family，2020 – 9 – 22.

［99］林杰．美国公立学校反校园欺凌政策分析［J］．云南师范大学学报（哲学社会科学版），2017（3）：80 – 88.

［100］周琦．河北工程大学外籍留学生猥亵他人，被邯郸警方拘留十日并遣送出境［EB/OL］．经济网，2019 – 08 – 01.

［101］张里．华为最新员工人数：全球员工总数18.8万，海外聘用超2.8万［EB/OL］．IT时代网，2019 – 07 – 18.

［102］孙立欣．KakaoTalk 创始人跻身韩国十大富豪之列［EB/OL］．和讯创投，2014 – 09 – 30.

［103］无忌．KakaoTalk 加速海外市场扩张 估值已达30亿美元

［EB/OL］．腾讯网，2014－06－23．

　　［104］吴晓宇．强势出手！腾讯计划入股韩国游戏公司 Nexon ［EB/OL］．中关村在线新闻资讯，2019－03－04．

　　［105］侯明璐．论华为的"狼性文化" ［J］．辽宁教育行政学院学报，2008（1）．

　　［106］李全伟．腾讯人才管理真经 人选对了其他就几乎都对了 ［N］．企业家日报，2016－01－05．

　　［107］张信宇．为什么腾讯也学阿里开始高管轮岗了 ［EB/OL］．搜狐，2019－06－14．

　　［108］马化腾．管理的四大精髓，你都知道几个？［EB/OL］．搜狐，2019－06－18．

　　［109］严圣禾．汪滔：打造世界级的无人机公司 ［N］．光明日报，2015－05－07．

　　［110］在华为实习的那些事儿 ［EB/OL］．搜狐，2017－07－22．

　　［111］上海交通大学密西根学院迎来首批新生 ［EB/OL］．正保教研教育网，2006－09－11．

　　［112］黄为伟．根据任正非思想集摘编 ［EB/OL］．搜狐，2017－06－08．

　　［113］李静．移动互联网时代广播媒体的创新策略 ［J］．中国广播，2014（3）：14－18．

　　［114］杨泽坤．公安部制定服务经济社会发展服务群众服务企业60项措施 在全国范围内推广复制促进服务自贸区建设12条移民与出入境便利政策 ［N］．中国日报，2019－07－17．

　　［115］高婧薷．外国人来华非法就业法律治理研究 ［J］．中国经

贸导刊, 2020 (2): 128 - 129.

[116] 何春中. 粤港边界反偷渡行动已查获 6.76 万余名违法人员 [EB/OL]. 中国法院网, 2017 - 12 - 26.

[117] 杨焕宁. 2012 年国务院关于外国人入出境及居留、就业管理工作情况的报告 [EB/OL]. 中国人大网, 2012 - 08 - 21.

[118] 杨春静. 广西边境地区越南人非法就业治理 [J]. 广西警察学院学报, 2018 (3).

[119] 王欢. 外国人在中国内地非法就业问题的法律研究 [D]. 深圳: 深圳大学, 2017: 23 - 25.

后　记

　　深圳大学党委书记、校长李清泉教授认为，"深圳大学之所以能够取得如此快速的进步，一个重要原因正是坚持扎根中国大地，尊重高等教育规律"。就是说，深圳大学作为中国的普通高校尊重高等教育规律，一是要结合自身实际情况，研究和借鉴世界一流名校的办学和管理经验；二是要创新管理制度，努力与世界一流名校的制度，包括学生的考风考纪、学术诚信制度接轨。

　　如何与世界一流名校学生的考风考纪、学术诚信制度接轨？笔者在本书第三章第二节，在文献研究和实证研究的基础上提出了八项具体建议，希望能对我国"双一流"高校"考风考纪、学术诚信"制度建设提供指引和参考。接轨世界一流大学考风考纪、学术诚信制度的关键是建立更加科学有效的违纪处罚方式。对此，笔者在第三章第一节重点介绍了美国斯坦福大学、日本东京大学、以色列特拉维夫大学以及上海交大密西根学院的一些成功经验。笔者认为，上述世界著名大学的某些经验，例如"对违纪者罚双倍学分"、"对违纪者开除学籍，但缓期执行"以及"违纪听证制度"，在我国"双一流高校考风考纪、学术诚信"制度建设中具有借鉴和参考价值。2021 年 1 月，广东省教育工作会议提出："支持深圳建设先行示范教育高地和高等教育综合改革先行示范区，为全国教育改革探索积累有益经验。"上述对违纪学生的纪律处分措施是在没有剥夺违纪者受教育权的前提下，警示违纪者严守学校"考风考纪、学术诚信"的制度创新，对违纪学生以及其他没有违纪的学生都有良好的教育意义。可以在深圳建设先行示范教育高地和高等教育综合改革先行示范区的背景下，在深圳高校先行先试，为全国高校违纪学生处罚制度改革探索积累有益经验。

本书是笔者 2019 年 5 月申报的研究课题"提升来华留学研究生招生与培养质量的改革创新研究"（项目编号：SZUGS2019JG06）的一项研究成果。在本书撰写过程中，笔者的中外研究生：阿诗玛（土耳其）、霄汉（美国）、王欢（中国），以及由笔者担任毕业论文导师的以色列来华留学本科学生飞飞（Adi Ofir），在笔者组织和带领下查阅大量中外文献，访问了部分中外学生，在此基础上，共同完成了本书的撰写。2020 年 12 月，笔者将书稿的部分内容加工整理后形成了一份以《提升我国高校来华留学研究生招生与培养质量的对策研究》为题的研究报告，提交给广东省高等教育学会，被评为广东省高等教育学会第一届优秀高等教育研究成果（研究报告类）二等奖。

深圳是世界著名的华为公司、腾讯公司、大疆公司等高新科技企业总部所在地，中外高校学生希望有机会到这些公司实习工作。为帮助中外大学生、研究生实现自己的青春梦想，本书第八章专门介绍了尚未毕业的本科生、研究生通过校园招聘方式进入上述高科技企业实习工作的笔试和面试程序，工作环境、工作待遇等问题。在此，要感谢韩国学生刘恩周，我给她上课时，她正在腾讯公司进行实习面试。作为她的本科毕业论文指导老师，笔者建议她以《腾讯公司实习制度的特色》为题撰写毕业论文，并提示她面试时应注意的问题。由此，想到大学生把企业实习纪律当成学校校纪校规的自然延伸，对在校大学生有针对性地进行实习纪律的辅导，将为在校大学生搭建由学生向公司职员身份转变的阶梯。深圳高新科技企业实习纪律不仅包括笔试面试纪律、工作纪律，而且包括技术和商业秘密保密纪律、国际化工作环境下的语言、行为、着装等更为专业性的纪律要求。作为深圳大学的一名教师，笔者希望本书能成为深圳大学中外学生了解深圳高新科技企业实习工作纪律规范的教材或教学参考书。也希望以此抛砖引玉，加强对相关领域的研究，更好地为粤港澳大湾区的高新科技企业服务。

最后，非常感谢为此书出版付出努力和辛苦的各位同人！

刘　阳

2020 年岁末